9할

걱정하는 일의 90%는
일어나지 않는다

不安の9割は消せる
FUAN NO 9WARI WA KESERU
© Shunmyo Masuno 2014

Originally published in Japan in 2014 by SEKAI BUNKA PUBLISHING INC., TOKYO,
Korean translation rights arranged with SEKAI BUNKA PUBLISHING INC., TOKYO,
through TOHAN CORPORATION, TOKYO, and Bestun Korea Agency, SEOUL.

이 책의 한국어판 저작권은 일본 토한 코포레이션과 베스툰 코리아 에이전시를 통해
일본 저작권자와 독점 계약한 '담앤북스'에 있습니다.
저작권법에 의해 한국 내에서 보호를 받는 저작물이므로
무단전재나 복제, 광전자 매체 수록 등을 금합니다.

걱정하는 일의
90%는 일어나지
않는다

마스노 슌묘 지음 | 김정환 옮김

담앤북스

목차

서론 | 일곱 가지 번뇌
내 안의 번뇌, 일단 마주하자

욕망의 1퍼센트만 줄여도 인생이 달라진다 … 10
딱 하나만 포기해 본다

규칙적으로 살면 욕망이 끼어들 틈이 없다 … 18
'현금으로 산다.'고 정해 본다
다른 누군가와 함께 한다

자연의 기운을 받으며 산다 … 25
바람을 온몸으로 느껴 본다
일곱 가지 번뇌를 인정한다

1장 | 불안해하는 습관
불안의 90퍼센트는 없앨 수 있다

눈덩이처럼 커지는 불안을 막아라 … 36
바로 지금, 오늘을 열심히 산다

'보통'이 아니어도 괜찮다 … 44
세상사를 '지식'의 잣대로만 보지 않는다

매일매일의 할 일이 불안을 잠재운다 … 52
여생의 불안은 '하고 싶은 일'로 지운다
나만의 꿈과 목표를 갖는다

2장 | 걱정하는 습관
걱정할 시간이 있으면 최대한 준비한다

걱정병은 잘못이 아니다 … 62
애정에서 비롯한 걱정은 상대에게 전해진다

지금 행동하면 걱정하는 일은 생기지 않는다 … 69
인간관계에 대한 걱정은 '인사'로 해소한다

작은 걱정을 하나하나 없애 나간다 … 77
사후死後에 대한 걱정도 해결할 수 있다

3장 | 욕심내는 습관
갖고 싶다는 마음이 들면 일단 흘려보낸다

지족知足의 마음을 갖는다 … 86
물건을 수리하는 것은 마음을 회복하는 것

더하는 것보다 빼는 것이 더 중요하다 … 93
단 1분이라도 멍하니 보낸다

돈이 있으면 행복해질 수 있을까? … 100
행복은 '되는' 것이 아니라 '느끼는' 것

4장 | 질투하는 습관
'남은 남, 나는 나'라고 생각한다

인생에는 비교보다 중요한 일이 더 많다 … 110
본래 내 모습을 찾는다

행복의 기준은 저마다 다르다 … 117
누가 뭐래도 내 길을 간다

세상을 보는 눈은 시간이 지나면 변한다 … 124
매일 아침 거울 속 나에게 묻는다

5장 | 짜증내는 습관
마음을 정돈하면 불필요한 짜증이 나지 않는다

말과 행동 그리고 생각을 정돈한다 … 134
숨만 잘 쉬어도 짜증이 가라앉는다

손이 닿는 짜증과 손이 닿지 않는 짜증 … 141
상대를 바꿀 수 없다면 내 생각을 바꾼다

속도와 편리가 짜증을 낳는다 … 149
혼자 있는 시간을 만든다

6장 | 허세 부리는 습관
약점도 드러낼 수 있는 사람을 만든다

한 등급 위라는 허세 … 158
자신을 '있는 그대로' 드러낸다

행복한 척하며 사는 인생은 피곤하다 … 166
행복을 과시하지 않는다

따뜻한 말 한마디가 행복을 부른다 … 172
겉모습 뒤에 가려진 진짜 얼굴을 본다

7장 | 인정받고 싶어 하는 습관
마음이 머무를 곳은 어디에나 있다

회사나 일이 인생의 전부가 아니다 … 182
성공이든 실패든 눈물이 있어야 한다

인정받고 싶은 마음은 누구에게나 있다 … 189
누구도 나를 100퍼센트 이해할 수 없다

겉은 달라도 속은 나와 같은 사람이다 … 197
잘못은 질책해도 사람은 미워하지 않는다

후기 … 204

서론
일곱 가지 번뇌

내 안의 번뇌,
일단
마주하자

욕망의 1퍼센트만 줄여도 인생이 달라진다

사람에게는 백팔 가지 번뇌가 있다고 합니다. 왜 백팔 가지인지는 여러 설이 있지만, 어쨌든 우리 인간이 수많은 번뇌 속에서 사는 것은 분명합니다.

불교에는 '삼독三毒'이란 개념이 있습니다. 사람의 마음속에 세 가지 '독'이 있다고 하지요. 그 세 가지 독은 '탐貪, 진瞋, 치癡'입니다. '탐貪'은 탐하는 마음입니다. 전부 갖고 싶어 하는 마음, 욕망이 이끄는 대로 욕심 부리는 마음입니다. 하나를 손에 넣어도 만족하지 못하고 더 갖고 싶어 합니다. 물건에만 탐을 내는 것이 아닙니다. 다른 사람의 마음도 손에 넣으려 합니다. 아무리 많은 것을 손에 넣어도 만족하지 못합니다. 탐하는 마음이 점점 커질 뿐입니다.

'진瞋'은 분노의 감정을 뜻합니다. 작은 일에도 분노를 느끼고 그 감정을 상대에게 표출합니다. 마음속에 담아 두지 못하고 즉시 밖으로 드러내지요. 분노는 드러낼수록 점점 증폭돼 상대의 마음에 상처를 줍니다. 여러분은 "짜증이 날 때나 화가 치밀어 오를 때는 찻잔이라도 깨서 기분을 풀라."는 말을 들어 본 적이 있을 것입니다. 분노를 다른 사람이 아니라 물건에 표출해서 해소하라는 말이지요. 그렇게 하면 '아아, 속이 후련해졌어.'라고 느낄 것 같지만 사실 전혀 그렇지 않습니다. 분노는 물건에 표출한다고 사라지지 않습니다. 아니, 오히려 찻잔을 깰수록 분노는 커져만 갑니다. 이것은 심리학에서도 증명된 사실입니다. 찻잔을 깨는 정도로 기분이 후련해진다면 그것은 별로 대단한 분노가 아닙니다. 진짜 분노는 표면으로 드러낼수록 점점 증폭되기 마련입니다. 마음속에 담아 두고 조금씩 기분을 풀어 나가십시오. 시간에 맡겨 분노가 희미해질 때까지 기다리십시오. 이것이 '진'이라는 '독'에 당하지 않는 방법입니다.

세 번째 '독'은 '치癡'입니다. 이것은 '어리석음'을 나타냅니다. 상식이나 도덕을 모르고 교양이 부족한 것을 말합니다. 사람은 누구나 '어리석은' 부분이 있습니다. 해서는 안 되는 줄 알면서 자기도 모르게 잘못을 저지를 때도 있습니다. 머리로는 해야 한다는 것을 이해하지만 자기도 모르게 외면해 버리기도 합니다. 자책감에 사로잡히면서도, 자신의 어리석음을 탄식하면서도 마음과 정반대로 행동할 때도 있습니다. 그것이 인간이라는 존재인지도 모르겠습니다. 인간은 항상 몸속에 '삼독'을 품고 삽니다. 여기에서 도망칠 수 없습니다. 평생 마주하고 사는 수밖에 없습니다.

이런 '삼독'이 일상의 구석구석까지 파고들고, 그것이 백팔 번뇌가 되어 우리를 괴롭힙니다. 저희 승려들이 매일 수행에 힘쓰는 이유는 그 '삼독'을 최대한 없애서 몸속에 엉겨 붙은 번뇌를 떨치기 위함입니다. 하지만 길고 긴 불교의 역사를 살펴봐도 이 번뇌에서 완전히 해방된 승려는 그리 많지 않습니다. 오십 년, 육십 년간 수행해도 모든 번뇌를 떨쳐 내기는 어려운 일입니다. 그렇기 때문에 승려에게는 죽음을 맞이하는 그 순간까지가 수행의 연속입니다.

번뇌나 욕망이 무조건 나쁜 것은 아닙니다. 만약 욕망을 모조리 없애 버린다면 우리는 살아갈 수조차 없습니다. 가령 식욕이라는 욕망이 있는데, 만약 식욕을 완전히 잃는다면 생명을 유지하지 못합니다. 이렇듯 인간에게는 살아가기 위해 필요한 욕망이 있습니다. 불교는 그것을 부정하지 않습니다.

다만 이 식욕이 계속 증식하면 어떻게 될까요? 적당한 선에서 멈추지 않고 말 그대로 탐욕스럽게 계속 먹는다면 어떻게 될까요? 몸은 국 한 그릇과 반찬 한 가지면 만족하지만 마음은 그 정도로 만족하지 못합니다. 더 맛있는 음식을 먹고 싶어 합니다. 더 많이 먹고 싶어 합니다. 더 고급스러운 음식을 먹고 싶어 합니다. 이것이 반복되면 몸은 추해지고 불필요한 부담을 떠안게 됩니다. '살기 위한 식욕'이 어느덧 '생명을 갉아먹는 식욕'으로 바뀝니다. 바로 이것이 번뇌가 되는 것이지요.

혹은 출세하고 싶다는 욕망이 있습니다. 돈을 더 많이 벌고 싶다는 욕망이 있습니다. 이런 욕망을 갖는 것은 당연합니다. 발전 욕구로 이어지는 이런 욕망이 없으면 사람은 진보하지 못합니다. 다만 이것도 식욕과 마찬가지로 지나치면 오히려 자신을 괴롭힙니다. 출세욕에 집착한 나머지 다른 것은 보이지 않게 됩니다. 자신의 출세를 위해서라면 일말의 거리낌도 없이 타인에게 상처를 입히게 됩니다. 많은 돈을 손에 넣기 위해서라면 수단과 방법을 가리지 않게 됩니다. 탐욕스러운 마음만 앞서서 상냥함과 배려심을 잊고 맙니다. 이것은 결코 행복한 일이 아닙니다. 원래 돈을 벌려고 한 이유는 행복해지고 싶어서였는데, 언제부터인가 돈을 위해 행복을 포기하게 됩니다. 이 얼마나 슬프고 외로운 인생이란 말입니까.

딱 하나만 포기해 본다

만약 지금 여러분이 욕망의 포로가 되었다면 그리고 그 욕망으로부터 도망칠 수 없다는 느낌이 조금이라도 든다면 여러분의 욕망 중에서 1퍼센트만 버려 보기 바랍니다. 더도 말고 1퍼센트만 과감하게 내려놓아 보기 바랍니다.

구체적으로는 이런 이야기입니다. 핸드백을 좋아해서 핸드백이 잔뜩인 여성이 있습니다. 옷장에는 핸드백이 백 개나 잠자고 있는데, 그중에는 마음에 드는 것도 있고 충동구매를 한 것도 있습니다. 기껏 사놓고 한 번도 들고 나간 적이 없는 것조차 있습니다. 이렇게 많이 있으면서도 상점에 진열된 예쁜 핸드백을 보면 또 갖고 싶어집니다. 갖고 싶다는 욕망이 고개를 들어 자신의 분수에 맞지 않는 비싼 핸드백을 신용카드로 척척 사 버립니다. 하지만 만족감이 유지되는 시간은 핸드백을 사서 집으로 돌아올 때까지입니다. 집으로 돌아와 옷장에 넣으면 만족감은 순식간에 줄어듭니다. 말 그대로 욕망이라는 망령에 지배당한 행동입니다.

이러한 상태에서 빠져나오려면 어떻게 해야 할까요? 만약 핸드백이 백 개 있다면 그중 1퍼센트인 한 개만 포기해 보는 것입니다. 열 개를 포기하기는 쉽지 않습니다. 10퍼센트를 줄인다는 것은 참으로 어려운 일입니다. 하지만 1퍼센트라면 가능합니다. 백 개 중에 한 개를 포기합니다. 마음에 드는 것을 포기할 필요는 없습니다. 핸드백이 백 개나 있다면 틀림없이 한 개 정도는 '이건 누구한테 줘도 될 것 같아.'라는 생각이 드는 것도 있을 것입니다. 그런 것을 하나 포기해 보십시오.

　백 개 중 한 개를 포기합니다. 그래도 핸드백은 아흔아홉 개나 남아 있습니다. 숫자만 보면 별다른 변화가 아니라는 생각이 듭니다. 그런데 그 한 개가 참으로 중요합니다. 처음에는 한 개도 포기할 수 없다고 생각합니다. 핸드백은 자신의 목숨 다음으로 소중한 것이라고, 절대 포기할 수 없다고 생각합니다. 하지만 과감하게 한 개를 포기하면 그때까지 핸드백에 집착하던 마음이 약해집니다. 그 전까지는 절대 포기할 수 없다고 생각하지만 막상 해 보면 포기할 수 있음을 깨닫습니다. 조금 포기한들 자신의 생활이나 삶에는 아무런 변화도 없습니다. 또 한 개를 포기해 보면 그 밖에도 필요 없는 것이 눈에 들어오기 시작합니다. 지금까지 자신이 얼마나 불필요한 쇼핑을 해 왔는지, 얼마나 핸드백에 집착해 왔는지 깨닫게 됩니다. 그리고 이윽고 생각합니다. '이제 더 이상 핸드백은 필요 없겠어.'라고 말이지요. 이때 비로소 마음이 해방돼 물욕이라는 집착으로부터 자유로워질 수 있습니다.

　만약 한 개도 포기할 수 없다면 그 사람은 핸드백에 대한 집착과 평생을 함께하는 수밖에 없습니다. 그러면 한 가지에 집착한 결과 다른 소중한 것은 눈에 들어오지 않게 됩니다. 물욕에 눈이 멀어 진정으로 마음을 풍요롭게 해 주는 것을 간과하고 맙니다. 처음부터 갑자기 10퍼센트를 포기하라고는 하지 않습니다. 일단 아주 조금만이라도 포기해 보십시오.

1퍼센트라는 숫자를 어떻게 생각해야 할까요? 겨우 1퍼센트라고 생각해야 할까요, 아니면 인생까지 바꿀 수 있는 1퍼센트라고 생각해야 할까요? 저는 1퍼센트를 의식하면 인생이 크게 달라진다고 생각합니다. 아주 작은 것을 소중히 여기십시오. 조금이라고 무시하지 말고 작은 것에 주목하십시오. 이것이야말로 인생을 풍요롭게 바꾸는 커다란 계기가 될 것입니다.

매일 아침 10분만 일찍 일어나서 조용히 앉아 차를 즐기는 시간을 만들어 보십시오. 저는 이렇게 권하고 있습니다. 지각을 할까 말까 한 아슬아슬한 시간에 일어나 빵을 입에 물고 허둥지둥 집을 뛰쳐나가는 생활에서는 마음의 여유가 생기지 않습니다. 집에서 버스 정류장이나 지하철역으로 갈 때도 느긋하게 걸으십시오. 종종걸음으로 서두르나 천천히 걸으나 시간으로는 몇 분 정도의 차이에 불과합니다. 하지만 그 몇 분의 차이가 마음의 여유에는 참 중요합니다.

하루는 24시간입니다. 분으로 환산하면 1,440분입니다. 그리고 1,440분의 10퍼센트는 약 140분입니다. 상당히 긴 시간이지요. 하지만 하루의 1퍼센트라면 겨우 14분입니다. 수면 시간이 8시간이라고 가정하면 일어나서 활동하는 시간 중 1퍼센트는 10분도 안 됩니다. 이 10분도 되지 않는 시간만큼만 일찍 일어나 보십시오. 5분이라도 좋습니다. 조금만 일찍 일어나서 5분 동안 좌선을 해 보십시오. 조용히 마음을 가라앉히고 오늘 해야 할 일을 생각해 보십시오. 어제의 자신을 되돌아보십시오. 그런 짧은 시간이 그날의 여러분을 행복으로 이끌어 줄 것입니다. 여러분을 둘러싼 모든 것의 1퍼센트. 그 1퍼센트에 관심을 가져 보기 바랍니다.

규칙적으로 살면
욕망이 끼어들 틈이 없다

우리는 욕망을 품고 살아갑니다. 이것은 지극히 당연한 일이며, 그 욕망을 전부 떨치기는 불가능합니다. 또 잃어서는 안 되는 욕망도 있습니다. 하지만 그중에는 명백히 불필요한 욕망도 있습니다. 바로 이 불필요한 욕망이 우리의 마음을 괴롭히고 고민을 낳으며 번뇌가 돼 우리를 덮칩니다. 그러므로 이 불필요한 욕망을 최대한 품지 않는 생활을 해야 합니다. 이것이 인생을 쉽게 사는 방법입니다.

그렇다면 어떻게 해야 불필요한 욕망으로부터 자신을 해방시킬 수 있을까요? 그 답 중 하나는 선禪 수행에 있습니다. 승려는 수행 중 보통 새벽 4시에 일어납니다. 먼저 좌선을 하고, 그다음에 아침 독경을 합니다. 뱃속에서 나오는 목소리로 경을 읽지요. 독경이 끝나면 작업복으로 갈아입고 불당 안과 복도, 경내 등을 청소합니다. 한겨울에는 동도 트지 않은 시간인데, 살을 에는 추위에도 청소를 하지요. 청소를 마치면 드디어 국 한 그릇과 반찬 한 가지로 아침을 먹습니다. 이런 일과가 일 년 내내 담담하게 계속됩니다. 아침에는 중요한 일을 마치고 낮에는 각자의 일을 합니다. 공부가 뒤처진 사람은 공부에 힘쓰고, 부서진 도구가 있으면 수리합니다. 자유롭게 보낼 수 있는 시간은 일체 없습니다. 수행은 바로 이런 것이지요.

이렇게 매일 규칙적으로 생활하면 불필요한 욕망이 끼어들 여지가 전혀 없습니다. 놀고 싶어도 그럴 시간이 없습니다. 갖고 싶은 것이 있어도 그것을 가진들 쓸 시간이 없습니다. 불필요한 것을 전부 도려낸 생활에서는 불필요한 욕망도 생기지 않습니다. 수행을 막 시작할 무렵에는 괴롭습니다. 하지만 규칙적인 생활을 계속하다 보면 굉장히 상쾌한 기분이 온몸을 감쌉니다. 주위 환경이나 일, 사람을 매우 객관적으로 볼 수 있는 힘도 생깁니다. 자신에게 진정으로 필요한 것은 무엇인지, 불필요한 것은 무엇인지 확실히 알게 됩니다. 그리고 깨닫습니다. 자신에게 불필요한 것이 얼마나 많았는지 말이지요.

자신의 생활에 규칙을 정하고 실천하십시오. 물론 수행승처럼 엄격한 규칙을 정할 필요는 없습니다. 자신이 실천할 수 있는 범위에서 정하면 됩니다. 가령 매일 아침 기상 시간을 엄수하십시오. 6시에 일어나는 것이 좋다면 '6시에 일어난다.'는 규칙을 정합니다. 전날 밤늦게까지 술을 마셨다면 조금 더 자고 싶은 것이 사람 마음입니다. '오늘은 30분만 늦게 일어나도 되겠지.' 자기도 모르게 이런 생각에 마음이 느슨해집니다. 그 느슨한 마음을 뿌리치고 6시에 일어나려고 노력하십시오. 만약 수면이 부족하다고 느끼면 평소보다 일찍 잠자리에 들면 됩니다. 어쨌든 자신이 정한 시간을 최대한 지키려고 노력하십시오. 그런 습관을 들이는 것이 중요합니다.

선종에는 '청규淸規'라는 것이 있습니다. 쉽게 말하면 '지켜야 할 규칙'이라는 뜻입니다. 가장 오래된 것으로 알려진 '청규'는 중국 당나라 시대에 살았던 백장 회해百丈懷海라는 선승이 만든 '백장청규'입니다. 이것은 오늘날 선종에서 수행을 할 때 지켜야 하는 청규의 기본 뼈대이기도 합니다(백장청규는 승려가 지켜야 할 일종의 계율을 정해 정리한 것으로, 이 중에서도 '하루 일하지 않으면 하루 동안 먹지 않는다.'는 내용이 많이 알려졌다.-편집자 주).

여러분 자신의 '청규'를 만드십시오. 그리 어려운 일이 아닙니다. 또 너무 엄격한 규칙은 오래 계속할 수 없습니다. 자신이 실천할 수 있는 범위에서 자신만의 생활 규칙을 정하십시오. 누군가가 억지로 시키는 것이 아니므로 어기려고 하면 어길 수 있습니다. '하루쯤은 괜찮겠지.'라며 규칙을 어기고 싶을 때도 있을 겁니다. 누군가에게 혼날 일도 없으니 어기기는 쉽습니다. 하지만 자신이 만든 규칙을 깨는 것만큼 한심한 일은 없습니다. 자신을 다스리지 못하는 사람은 결국 불필요한 욕망의 바다에 삼켜지고 맙니다. 자신이 만든 '청규'이기에 진지하게 실천해야 하는 것입니다.

'현금으로 산다.'고 정해 본다

자신의 '청규'를 준수하면 반드시 깨닫는 것이 있습니다. 가령 물욕에 대해 자신만의 '청규'를 만들어 보면 어떨까요? 가게에 들어갔는데 진열된 시계가 너무나 마음에 듭니다. 이미 시계가 여러 개 있는데도 그 시계가 탐이 나서 견딜 수 없습니다. 게다가 가격표를 보니 무려 오백만 원이나 됩니다. 그럼에도 결국 욕망을 이기지 못하고 충동적으로 사 버립니다. "할부로 해 주세요."라며 신용카드를 쓱 내밉니다. 본인은 현명한 방법이라고 생각하지만 결국은 빚입니다. 시계는 손에 넣었지만 오백만 원의 빚을 진 것입니다. 현금으로 살 능력이 없으니까 할부로 샀을 뿐이지요. 불필요한 욕망에 지고 만 순간입니다.

'원하는 것은 현금으로 산다. 빚은 최대한 지지 않는다.' 이런 '청규'를 만들면 어떨까요? 이 '청규'를 지키려면 오백만 원을 모아야 합니다. 시계를 사기 위해 매달 이십만 원씩 저금하기 시작합니다. 생활비에서 이십만 원을 저금하는 것은 쉬운 일이 아닙니다. 그래도 원하는 시계를 사기 위해 다른 것을 참으면서 돈을 모읍니다. 그리고 이 년 하고도 한 달이 걸려서 드디어 목표로 한 오백만 원을 모읍니다. 그러면 어떻게 될까요? 대부분은 기껏 모은 돈으로 시계를 사기는 아깝다고 느끼기 마련입니다. 꼭 필요한 것이라면 몰라도 '고작 시계에 오백만 원이나 되는 돈을 쓰기는 아깝다. 좀 더 내게 도움이 되는 일에 쓰자.' 이런 생각이 듭니다.

그렇습니다. 이때 비로소 깨닫는 것입니다. 그 시계를 사는 것이 '불필요한 욕망'임을 말이지요. 그리고 이때 보이는 불필요한 것이 또 있습니다. 바로 저금을 하기 위해 참았던 소비욕입니다. 참고 견딜 수 있다면 그것은 반드시 필요한 소비가 아님을 깨닫습니다. 스스로 규칙을 정하고 그것을 실천해 나가면 자신의 불필요한 욕망을 확실히 알게 됩니다. 정말 필요한 것이 무엇인지 보입니다.

다른 누군가와 함께 한다

스스로 규칙을 정하기는 했지만 그것을 좀처럼 오래 지키지 못하는 사람도 있습니다. 규칙은 많이 만들지만 전부 작심삼일로 끝나 버립니다. 그리고 "나는 왜 이렇게 의지가 약할까……."라며 한숨을 쉬기 일쑤입니다. 하지만 그렇게 실망할 필요는 없습니다. 제가 생각하기에 사람은 기본적으로 의지가 약한 존재입니다. 정말로 강한 의지를 품고 자신을 규제할 수 있는 사람은 극히 드뭅니다. 가능하면 '편하고 싶다.', '힘든 일은 피하고 싶다.'고 생각하는 것이 보통입니다.

혼자서는 규칙을 지킬 자신이 없다면 주위 사람을 끌어들이십시오. 가령 매일 아침 워킹을 하겠다고 결심해도 사흘쯤 하면 귀찮아집니다. 이불에서 나오기 싫은 날도 많습니다. 그럴 때 함께 걸을 동료를 만드는 겁니다. 매일 아침 6시에 만나자고 약속하십시오. 비가 오는 날 이외에는 반드시 함께 걷자고 약속하십시오. 그렇게 약속함으로써 자신을 속박하는 것입니다. 그렇게 되면 아무리 귀찮아도 갈 수밖에 없습니다. 내가 오기를 기다리는 사람이 있다고 생각하면 힘을 낼 수 있습니다. 혼자서 하려고 하지 말고 다른 누군가와 함께 하십시오. 이것은 커다란 힘이 됩니다. 승려의 수행도 마찬가지입니다. 일 년 내내 규칙적으로 생활할 수 있는 까닭은 역시 함께 수행하는 동료가 있기 때문입니다. 혼자라면 틀림없이 아침 청소를 게을리하는 승려도 생길 것입니다. 특히 탁발승 시절에는 자신이 늦어지면 주위 모두가 피해를 입게 됩니다. 요컨대 강력한 족쇄가 채워지는 셈이지요.

술을 마실 때도 규칙을 만드십시오. 회사에서 퇴근해 동료와 한잔

하는 것은 즐거운 일입니다. 일상의 스트레스를 해소할 수 있습니다. 하지만 밤새도록 술을 마셔서는 안 되므로 '술은 10시까지만 마신다.'는 청규를 동료와 같이 만드십시오. 아무리 분위기가 달아올라도, 설령 뒤늦게 참석한 동료가 있더라도 10시가 되면 무조건 해산한다는 규칙을 만듭니다. 때로는 흥에 겨워 "오늘은 다른 데 가서 딱 한 잔만 더 하자."고 말하는 사람도 있습니다. 하지만 "10시까지만 마시기로 했으니까 이만 해산하자."고 말하십시오. 너무 고지식하게 생각할 필요는 없지만, 어느 정도의 규칙은 정해야 합니다. 저는 그것이 결국 인간관계를 오래 지속하도록 도와준다고 생각합니다. 규칙 없이 느슨하기만 하면 언젠가 어느 한쪽에서 염증을 느끼기 마련입니다.

'절차탁마切磋琢磨'라는 선어가 있습니다(학문이나 덕행 등을 배우고 닦는 것을 뜻하는 말.-편집자 주). 이 말은 서로 경쟁하거나 서로를 벼랑으로 떨어트리는 것이 아닙니다. 서로에게 자극을 주면서 함께 나아간다는 뜻입니다. 서로의 성장을 이끄는 관계를 쌓아 나가는 것입니다. 서로가 서로를 격려하면서, 절차탁마하면서 규칙적인 생활을 실천해 나갑니다. 그런 동료를 둠으로써 생활과 마음을 바로잡아 나갑니다. 이것도 인생에서는 중요한 일입니다.

자연의 기운을
받으며 산다

대자연과 인간의 관계. 불교에서는 이것을 '공생'으로 생각합니다. 그리고 인간은 자연과 함께 살아간다고 가르칩니다. 대자연의 운행은 인간의 지혜를 초월합니다. 봄이 되면 꽃이 피고, 여름이 되면 나무가 무성해지고, 겨울이 되면 시듭니다. 이 자연의 운행은 사람의 힘으로 어떻게 할 수 있는 것이 아닙니다. 이 자연의 기운을 받으며 함께 살아가는 것. 이것이야말로 인간으로서의 행복입니다.

자연은 사람에게 여러 가지 신비한 영향을 끼칩니다. 아기가 자연스럽게 태어나는 때는 밀물이 가장 높은 해면까지 들어오는 만조 시간이라고 합니다. 그리고 숨을 거두는 때는 신기하게도 바다에서 조수가 빠져나가 해수면이 가장 낮아지는 간조 시간입니다. 사고 등으로 죽는 경우는 별개이지만, 병이 점점 깊어지다 이윽고 그 사람의 '수명'이 다하는 시기는 썰물과 함께 찾아온다는 것입니다. 과학적으로 증명된 이야기는 아닙니다만, 이러한 자연의 섭리는 엄연히 우리 앞에 가로놓여 있습니다. 그 섭리를 무시해서는 안 됩니다.

생각해 보면 자연은 우리 인간에게 규칙을 정해 줍니다. 어둠이 서서히 걷히며 아침 해가 뜨면 자연은 우리에게 이제 슬슬 일어나라고 말합니다. 해가 지고 밤이 깊어지기 시작하면 슬슬 몸을 쉬라고 말합니다. 누가 정한 것은 아니지만 인간은 그러한 자연의 목소리에 귀를 기울이며 살아왔습니다. 자연은 그것이 인간에게 가장 자연스럽고 가장 스트레스를 주지 않는 생활임을 가르쳐 준 것입니다.

그런데 현대 사회에서는 과학의 힘으로 이 자연의 규칙을 없애 버렸습니다. 밤이 되어도 빛이 넘쳐 나 인간에게서 휴식을 빼앗아 버렸습니다. 밤의 밝음은 한낮의 그것과는 성질이 다릅니다. 밤의 밝음에는 어딘가 마음속의 어둠이 숨어 있습니다. 똑같은 밝기라도 낮과는 다른 욕망이 고개를 듭니다. 본래는 필요 없는 욕망이 마치 소중한 것인 양 생각됩니다. 자연의 규칙을 벗어난 사람들은 만들지 않아도 될 고민을 만들고 맙니다.

의학의 발달도 우리에게 커다란 영향을 끼치고 있습니다. 갓난아기는 사람이 정한 시간에 태어나고, '정해진 수명'이 다했는데도 의료 기기의 힘으로 생명을 유지합니다. 하다못해 썰물 시간에 저세상으로 여행을 떠나려 해도 그것조차 허락해 주지 않습니다. 물론 이 연명 장치에 대해서는 찬반양론이 있습니다만, 개인적으로 불교적 사고방식으로 보면 이는 자연의 운행을 역행하는 것이라고 느낍니다.

우리 인간은 하루하루 늙어갑니다. 오늘은 어제보다 조금 더 늙습니다. 이것은 아주 당연한 일입니다. 신체 기능은 조금씩 쇠약해지고, 마음은 천천히 죽음을 준비하기 시작합니다. 파도는 끊임없이 밀려와 해안의 모래를 조금씩 깎아 냅니다. 그 파도는 결코 멈추지 않습니다. 이것이 늙는다는 것입니다.

우리는 자연의 섭리를 거스르지 못합니다. 시계 바늘을 되돌릴 수는 없습니다. 그런데도 자연의 섭리를 외면하고 늙는 것을 한탄합니다. 영원히 젊게 살고 싶다. 언제까지나 건강한 몸을 유지하고 싶다. 이러한 욕망은 당연한 것이지만, 여기에 집착하면 여러 고민이 생겨납니다. 젊음은 영원히 유지할 수 없기 때문입니다.

많은 사람이 어제와 똑같은 상태를 유지하고 싶어 합니다. 내일도 오늘과 똑같은 상태이기를 바랍니다. 즉, 고민은 '지금의 상태를 유지하자.'라든가 '좀 더 다른 상태로 만들자.'는 생각에서 만들어집니다. 어제를 되돌아보기보다, 내일을 걱정하기보다 오늘에만 주목하십시오. 지금 이곳에 있는 자신만을 받아들이면 됩니다. 있는 그대로의 모습을 바라보면 됩니다. 일 년 전의 자신과 지금의 자신을 비교한들 아무런 의미도 없습니다. 일 년 뒤에 자신이 어떤 모습일지는 상상할 수 없습니다. 과거·현재·미래. 이것을 '삼세三世'라고 하는데, 선의 세계에는 '현재'만 존재합니다. '과거'와 '미래'에 사로잡혀서는 안 됩니다. 돌아갈 수 없는 과거나 아직 찾아오지 않은 미래에 집착하지 말라는 의미입니다. 선에서는 현재라는 시간을 열심히 사는 것이야말로 자연과 함께 사는 것이라고 가르칩니다.

바람을 온몸으로 느껴 본다

스트레스가 가득하다 못해 넘쳐 나는 사회입니다. 많은 사람이 매일 무언가에 쫓기듯 바쁘게 살아갑니다. 딱히 구체적인 걱정거리가 있는 것도 아닌데 막연한 불안감을 떨칠 수 없습니다. 해결하려고 해도, 맞서려고 해도 상대는 결코 모습을 드러내지 않습니다. 그저 커다란 힘이 몸과 마음을 갉아먹을 뿐입니다. 이런 느낌을 받는 사람이 많지 않을까 싶습니다.

그런 사람들의 눈은 과연 어디를 향하고 있을까요? 여러분의 눈은 매일 무엇을 보고 있습니까? 매일 지친 몸을 질질 끌고 집을 나와 지하철역으로 향합니다. 고개는 항상 아래를 향해 눈에 들어오는 것은 자신의 신발 앞코뿐입니다. 자신의 발끝이 교대로 나타나는 횟수를 세면서 간신히 역에 도착합니다. 지하철에서는 잠을 자거나 휴대전화를 들여다보거나 둘 중 하나입니다. 차창 밖으로 눈부신 아침 햇살이 들어오는 것조차 깨닫지 못합니다. 회사로 가는 길에 작은 꽃이 핀 것도 알지 못합니다. 그리고 문득 정신을 차려 보면 서류가 흩어진 책상 앞에 앉아 있습니다. "오늘 하늘에 어떤 구름이 떠 있었습니까?", "길가에 어떤 꽃이 피어 있었습니까?", "계절이 조금 바뀐 것을 느꼈습니까?" 이런 질문에 대답할 수 있는 사람이 얼마나 있을까요?

자연의 운행에 관심을 가져 보기 바랍니다. 하늘을 바라보고, 불어오는 바람을 온몸으로 느껴 보기 바랍니다. 집에서 지하철역까지 가는 길은 똑같습니다. 하지만 자연은 단 하루도 똑같지 않습니다. 어제는 닫혀 있던 꽃망울이 활짝 열렸을 수도 있고, 나뭇잎 색이 조금 변했을지도 모릅니다. 작은 돌멩이조차 어제와 같은 곳에 머물러 있지 않습니다. 그런 작은 자연의 변화에 주목해 보기 바랍니다.

하늘의 상태를 보고, 공기의 따뜻함이나 차가움을 온몸으로 느껴 보십시오. 거기에는 일기 예보에서는 전할 수 없는 자연의 힘이 있습니다. 강수 확률에만 관심을 두지 말고 자신의 오감을 동원해 자연과 마주하십시오. 비가 내리는 날에는 비 냄새가 희미하게 나기 마련입니다. 기온이 낮아진 날에는 피부 감각이 그것을 알려 주기 마련입니다.

자연의 기운을 느끼는 것이 인간에게 가장 중요한 일임을 잊어서는 안 됩니다.

집을 나오면 크게 심호흡을 해 보십시오. 길가에 핀 작은 꽃을 한순간이라도 좋으니 사랑해 보십시오. 계절이 바뀌는 것을 피부로 느껴 보십시오. 고작 몇 초면 됩니다. 하루의 1퍼센트도 안 되는 시간입니다. 하지만 그 짧은 시간이 커다란 마음의 여유로 돌아옵니다. 몸과 마음으로 자연을 느끼면 스트레스의 절반은 해소할 수 있습니다.

반대로 말하면 자연에 관심이 없는 사람일수록 뿌리 깊은 스트레스를 안고 산다고 볼 수 있습니다. 뿌리 깊은 스트레스는 이윽고 칼날이 돼 여러분을 습격합니다. 그렇게 되기 전에 스트레스로부터 눈을 돌려야 합니다. 모습이 보이지 않는 상대와 싸우려 하지 말고 자연이라는 곳으로 도망치십시오. 자연은 인간에게 마음의 도피처가 됩니다. 그곳으로 잠시만 도망치면 마음은 충분히 치유됩니다. 이 또한 자연과 공생하는 방법입니다.

일곱 가지 번뇌를 인정한다

우리 인간이 안은 번뇌. 모든 고통은 그 번뇌에서 만들어집니다. 하지만 사람은 결코 번뇌로부터 벗어날 수 없습니다. 모든 번뇌를 없애는 것은 불가능합니다. 하지만 1퍼센트 정도는 마음먹기에 따라 떨쳐 낼 수 있습니다. 자신의 마음을 아주 조금만 해방시켜 주십시오. 그러면 좀 더 살기 편해집니다.

"아무리 없어도 일곱 습관"이라는 말이 있습니다. '어떤 사람이든 반드시 그 사람의 습관이 있다. 습관이 전혀 없는 사람은 없다.'는 의미입니다. 제가 이 책에서 다룬 번뇌도 일곱 가지입니다. 불안해지는 습관, 걱정하는 습관, 욕심내는 습관, 질투하는 습관, 짜증내는 습관, 허세를 부리는 습관 그리고 인정받고 싶어 하는 습관이지요. 이 일곱 가지 습관이 없는 사람은 없습니다. 정도의 차이는 있을지언정 모든 사람의 마음속에 있습니다. 그리고 내버려 두면 점점 증식합니다. 하다못해 이것만큼은 피해야 합니다. 그래서 일곱 가지 버릇을 조금씩 줄일 방법을 제 나름대로 생각해 봤습니다.

아무리 번뇌를 떨치려 해도 백팔 번뇌는 우리가 살아 있는 한 우리 곁을 떠나지 않습니다. 어떤 계기로 조금은 해소한 듯해도 다시 새로운 번뇌가 생겨납니다. 이것은 그냥 받아들이는 수밖에 없습니다.

한 가지 일화를 소개합니다. 먼 옛날 많은 사람이 존경하는 고승이 있었습니다. 오랜 세월 수행해 인격이 훌륭한 인물입니다. 그 고승 밑으로 수많은 제자가 모여들었습니다. 제자들 눈에 그 고승은 번뇌로부터 완전히 해방된 것처럼 보였습니다.

이윽고 세월이 흘러 고승이 세상을 떠날 날이 찾아왔습니다. 저세상으로 떠나려 하는 고승의 머리맡에 수많은 제자가 모였습니다. '스승님은 마지막 순간에 과연 어떤 말씀을 남기실까?', '스승님의 마지막 말씀을 가슴에 품고 수행에 힘쓰자.' 모두 스승의 마지막 말을 기다렸습니다. 틀림없이 훌륭한, 후세에 남을 멋진 말씀을 하시리라 믿어 의심치 않았습니다. 그리고 이윽고 고승이 눈을 감는 그 순간, 그는 이렇게 말했습니다.

"죽고 싶지 않구나."

그렇게 오랜 세월 수행한 승려조차 좀 더 살고 싶다는 번뇌를 떨쳐 낼 수 없었던 것입니다. 인간은 그런 동물입니다.

1장
불안해하는 습관

불안의
90퍼센트는
없앨 수 있다

눈덩이처럼 커지는
불안을 막아라

불안은 실체가 없는 것. 불안감은 자신의 마음이 만드는 것. 불교에서는 이렇게 가르칩니다.

유명한 일화가 있습니다. 저 유명한 고승 달마 대사에게 제자인 혜가慧可가 어느 날 이런 고민을 털어놓았습니다. 혜가는 달마 대사의 뒤를 이어 선종의 제2대 조사가 된 승려입니다. 그런 혜가가 "스승님. 저는 불안하고 또 불안해서 밤에도 잠을 이룰 수가 없습니다. 어떻게 하면 이 불안감에서 벗어날 수 있겠습니까?"라고 물었습니다. 달마 대사는 빙긋 웃으며 말했습니다. "알겠다. 내가 그 불안이라는 놈을 없애주마." 혜가는 크게 기뻐하며 스승의 다음 말을 기다렸습니다. 그러자 달마 대사는 이렇게 말했습니다. "자, 너의 불안을 여기에 전부 꺼내서 늘어놓아 보거라. 그러면 내가 하나하나 없애 줄 테니."

스승의 말을 들은 혜가는 깨달았습니다. 불안이란 자신의 마음이 멋대로 만들어 낸 실체 없는 것임을 말이지요.

이것은 불안에 대해 이야기할 때 반드시 나오는 유명한 일화입니다. 본래대로라면 이 달마 대사의 한마디에 불안감이 해소돼야 합니다. 실체가 없는 것과 씨름한들 무슨 소용이 있겠습니까? 또 자신의 마음이 만든 것이라면 그저 마음을 바로잡으면 될 뿐입니다. 하지만 실제로는 그렇게 간단하지 않습니다. 실체가 없는 것임을 알면서도, 쓸데없이 불안을 만들지 말자고 다짐해도 역시 불안은 하루가 멀다 하고 우리를 습격합니다. 떨치려 해도, 외면하려 애써도 계속 새로운 불안이 싹틉니다. 산다는 것은 그런 것입니다.

큰 불안은 없더라도 작은 불안은 누구에게나 있기 마련입니다. 눈 깜짝할 사이에 지나가 버리는 불안도 있고, 금방 잊을 만큼 작은 불안도 있습니다. 잊을 만하면 모습을 드러내는 불안이나 항상 마음을 가시처럼 콕콕 찌르는 불안도 있습니다. 그런 모든 불안을 떨칠 수는 없습니다. 모든 불안이 사라지는 날이 있다면 그것은 바로 생명이 다하는 그날입니다. 살아 있는 한 우리는 불안과 함께 살 수밖에 없으므로, 하다못해 마음이 감당할 수 없을 만큼 불안이 커지지 않도록 하는 것이 중요합니다.

정신과 의사의 말을 들어 보니, 사람은 단 하나의 원인으로 죽음을 선택하지는 않는다고 합니다. 가령 회사에서 정리해고를 당했다는 이유 하나만으로 자살하는 사람은 없습니다. 큰 병을 진단받은 순간 죽음을 선택하는 사람도 없습니다. 그런데 사람들은 정리해고를 당한 현실과 부딪히면 불안감을 한없이 증폭시킵니다. 사실 단순하게 생각하면 회사에서 정리해고를 당한 경우 다른 직장을 찾으면 그만입니다. 다소 급여가 줄지도 모르고 그때까지 하던 일과 다른 일을 해야 할지도 모르지만, 마음만 있다면 일자리는 찾을 수 있습니다. 불필요한 자존심을 버리고 자신이 하던 일에 집착하지 않는다면 정리해고 자체는 목숨을 버릴 만큼 큰 문제가 아닙니다.

하지만 많은 사람이 정리해고를 당하면 마치 자신의 인격을 전부 부정당한 듯한 착각에 빠집니다. '이제 나는 살 가치조차 없어.'라고 생각하지요. 그리고 다음 직업에 대해서도 강한 선입견을 가집니다. '이건 내가 할 일이 아니야.', '이런 쥐꼬리만 한 급여를 받고 일하는 건 내 자존심이 용납하지 않아.'와 같이 자신의 과거와 직업에 집착합니다. 그렇게 자신을 몰아넣는 사이 불안감은 점점 커져 갑니다. 마치 구르는 눈덩이처럼 커져 갑니다. 생각은 나쁜 쪽으로만 향합니다. 그리고 결국 마음이 견디지 못할 만큼 커집니다.

사실 실체는 정리해고를 당했다는 사실뿐입니다. 회사에서 해고당했다고 해서 죽지는 않습니다. 하물며 정리해고를 인격 부정과 연결할 이유도 없습니다. 운 없게도 사회 정세가 나빠졌거나 회사 실적이 악화됐을 뿐입니다. 회사는 인생의 전부가 아닙니다. 극히 일부일 뿐입니다. 불안의 실체는 돌멩이처럼 아주 작고 사소합니다. 그런데 그 돌멩이를 쓸데없이 굴리니까 커다란 눈덩이가 되는 것입니다.

정리해고를 당하면 '이대로 계속 일을 하지 않는다면 어떻게 될까?', '일 년이 지나고 이 년이 지나도 일자리를 찾지 못하면 어떻게 될까?' 문득 그런 불안감에 휩싸일 수 있습니다. 사람은 누구나 그렇게 마음이 약합니다. 하지만 그것은 정말 쓸데없는 고민입니다. 그런 고민을 하며 끙끙댈 시간이 있다면 일단 행동을 시작하십시오. 유난히 불안감에 시달리는 사람들을 보면 대부분 행동하지 않고 가만히 있을 때가 많습니다. 집 안에서 가만히 있으면서 일자리를 찾을 수 없다고 말하지요. 컴퓨터나 잡지 등을 보면서 일자리를 찾거나 누군가가 도와줄지 모른다고 기대하면서 그저 기다리기만 합니다. 하지만 그러는 사이에 자신의 몸은 눈에 덮여 버립니다. 스스로 움직이지 않는데 주위에서 움직여 주는 일은 없습니다. 자신이 움직이지 않으면 주위 상황도 달라지지 않습니다.

먼저 자신이 행동을 시작해야 합니다. 할 수 있는 일은 전부 해 보십시오. 아무리 작은 일이어도 좋으니 집 밖으로 나와 행동해 보십시오. 첫발을 내디디면 상황은 크게 달라집니다. 지금이라는 순간만을 응시하며 자신이 할 수 있는 일부터 시작하십시오. 사람은 행동과 고민을 동시에 하지 못합니다. 앞을 향해 달리면 이것저것 고민할 여유가 없기 마련입니다. 그런데 멈춰 서니까 점점 불필요한 불안감이 생기는 것입니다. 계속 달리는 사람은 결코 눈에 파묻히지 않습니다. 곁에 있는 불안이라는 눈덩이를 굴리지 말고 스스로 행동하는 것이 중요합니다.

바로 지금, 오늘을 열심히 산다

크고 막연한 불안감이 눈앞에 있을 때, 우리는 어떻게 해야 그 불안감에서 도망칠 수 있을지 알지 못합니다. 애초에 실체가 없으니 도망칠 방법이 있을 턱이 없습니다. 사람은 자신의 역량을 뛰어넘는 것에 대해서는 무력하기까지 합니다. 그렇다면 그 불안과 함께 살아 보는 것은 어떨까요?

'임운자재任運自在'라는 선어가 있습니다. 이 세상에서 일어나는 모든 일에는 자연스러운 흐름이 있습니다. 가령 봄이 되면 초목이 싹을 틔우고 여름이 다가오면 꽃을 피웁니다. 그러면 그곳으로 벌레와 새들이 모여듭니다. 이 모든 것은 자연의 변화 속에서 일어나는 일입니다.

요컨대 커다란 하나의 흐름인 것입니다. 인간도 마찬가지로 이 자연의 흐름에 몸을 맡기고 '있는 그대로' 받아들이며 살아야 합니다. 그 중요성을 이야기하는 말입니다.

어쩔 수 없는 일은 자연의 흐름을 거스르지 말고 몸을 맡깁니다. 저는 불안도 마찬가지라고 생각합니다. 물론 자신의 노력으로 없앨 수 있는 것이라면 그러기 위해서 노력해야 합니다. 하지만 자신의 힘으로 어찌할 수 없는 일이라면 차라리 불안을 받아들이십시오. 고집스럽게 맞서려 하지 말고 유연하게 받아들이십시오. '뭐, 이런 불안감이 있는 것도 어쩔 수 없지.'라고 생각하는 것입니다. 그리고 받아들인 뒤에는 그것을 마음속에 담아 두지 말고 옆으로 흘려버리십시오.

'구조조정 대상이 되면 어쩌지?', '노후 생활비가 없으면 어쩌지?', '큰 병에 걸리면 어쩌지?' 일어나지도 않은 일에 대한 불안감이 엄습할 때도 있습니다. 무엇인가 근거가 있는 것도 아닌데 '혹시……' 하면서 나쁜 쪽으로 생각하고 맙니다. 부정적 사고라는 말이 있는데, 사람의 마음속에는 크든 작든 그런 심리가 있는 모양입니다. 먼저 사람에게는 그런 부정적 사고가 있음을 인정하십시오. 그것은 자신만이 아니라 사람이라면 누구나 가진 것이라고 생각하십시오. 그것을 인정하기만 해도 마음은 상당히 가벼워지기 마련입니다.

불안을 인정한 다음 냉정하게 생각하십시오. '혹시 구조조정 대상이 되면 어쩌지?'라는 불안감이 밀려온다면 그 불안감과 정면으로 마주하면 됩니다. '그래, 그건 확실히 불안해.'라고 솔직하게 받아들이면 됩니다. 억지로 몰아내지 말고 자신의 마음속에 그런 불안감이 있으면 인정하면 됩니다. 그런 뒤에 다음 단계를 생각하십시오. '그렇게 된다면, 혹시 내가 구조조정 대상이 된다면 나는 무엇을 해야 할까?'라고 말입니다. 다음에는 어떤 일을 해야 할지, 주택 대출금은 어떻게 할지 등 불안거리를 구체적으로 찾아보십시오. 그러다 보면 이윽고 깨닫게 됩니다. '왜 나는 아직 일어나지도 않은 일을 불안해하면서 끙끙 앓는 걸까?'라고 말이지요. 자신이 얼마나 바보 같은 생각을 하는지 깨달을 것입니다. 그리고 자신에게 "에라, 모르겠다. 닥치면 그때 생각하자."라고 말할 것입니다.

'닥치면 그때 생각하자.' 이것이 불안에 대한 하나의 해답입니다. 이리저리 고민할 필요 없이 불안이 현실이 된 뒤에 생각하면 됩니다. 현실이 되지 않으면 가장 좋고, 현실이 되면 그때 해결책을 생각하면 됩니다. 중요한 일은 미래의 불안을 앞서서 생각하지 말고 지금이라는 순간을 열심히 사는 것입니다.

'어떻게든 되겠지.' 앞서 말한 '임운자재'라는 선어에는 이 말이 숨어 있다는 생각이 듭니다. 겨울이 돼 초목이 시들어도 시간이 지나면 다시 봄이 찾아옵니다. 태풍이 불어 모든 나뭇잎이 떨어져도 잎은 반드시 부활합니다. 자연은 그것을 알고 있습니다. 무슨 일이 일어나더라도 어떻게든 된다는 것을 압니다. 그것을 알기에 앞날을 고민하지 않고 지금이라는 순간을 소중히 여기면서 꽃을 피웁니다.

우리가 안은 불안도 이와 마찬가지입니다. 막상 그 일이 찾아오더라도 어떻게든 되기 마련입니다. 이것이 '타인의 도움으로 문제가 해결된다.'는 뜻은 결코 아닙니다. 문제를 해결하는 힘은 자신의 노력으로 축적해야 합니다. '어떻게든 되겠지.'라는 말의 뒷면에는 지금 이 순간에 최선을 다한다는 의미가 숨어 있습니다.

불안의 눈덩이. 앞으로는 굴리지 말고 그것에 뜨거운 물을 살짝 부어 보십시오. 그러면 눈덩이가 녹기 시작해 이윽고 물밖에 남지 않을 것입니다. 그곳에는 작은 돌멩이조차 없습니다. 불안 또한 마찬가지입니다.

'보통'이 아니어도 괜찮다

반드시 그런 것은 아니지만, 인생의 행로에는 무엇인가 지표라고 할 수 있는 코스가 있습니다. 가령 현대 사회에서는 고등학교나 대학을 졸업하면 회사에 취직합니다. 그리고 이십 대 후반이나 삼십 대 초반에 반려자를 얻어 가정을 꾸리지요. 자녀를 키우기 위해 열심히 일하고, 자녀를 어엿한 성인으로 성장시켜 세상에 내보냅니다. 그 후에는 다시 부부가 함께 여생을 보내고, 그러다 이윽고 어느 한쪽이 먼저 세상을 떠납니다. 그러면 남은 사람은 혼자 조용히 살면서 먼저 떠난 이가 자신을 데리러 와 주기를 기다리지요. 인간의 일생에는 이런 식의 완만한 레일이 깔려 있다는 느낌이 어렴풋이 듭니다. 이것이 '평범한' 인생이라면서 말이지요.

많은 사람이 이런 인생의 레일에서 벗어나면 불안을 느낍니다. 가령 지금 마흔인데 아직 결혼을 하지 못했다든가, 결혼을 일찍 했는데 아직 아이가 없다든가, 혹은 기껏 대학을 졸업했는데 일자리를 찾지 못하면 자신이 인생의 레일에서 벗어나 버렸다고 생각합니다. 다른 사람과 다르다는 사실에 불안을 느낍니다. '평범하지 않은' 자신을 한심하게 느낍니다. 이런 생각이 파도처럼 몰려옵니다.

세상 사람들은 '보통'이라든가 '평균'이라는 말을 자주 사용합니다. 그리고 마치 그것이 정답인 양, 평범하지 않으면 문제가 있는 듯이 생각합니다. 그렇게 생각하는 분들에게 묻습니다. '보통'이란 대체 무엇일까요? '평균'에 속하지 않는 것은 잘못일까요? '보통'이나 '평균'은 전혀 실체가 없습니다. 그러므로 '보통'과 자신은 애초에 비교 대상이 아닙니다. 하지만 사람은 비교하기를 좋아하는 동물입니다. 옆 사람과 자신을 비교하고, 처지가 비슷한 사람과 자신을 비교합니다. 그것은 무의미한 일이지만, 어떤 의미에서는 어쩔 수 없는 일이기도 합니다. 다만 옆에 있는 누군가와 비교하는 것은 그렇다 쳐도 실체가 없는 '보통'이나 '평균'과 자신을 비교하는 것은 자신의 목을 스스로 죄는 행동입니다.

육아의 세계에서는 흔히 이런 이야기를 듣습니다. 갓난아기는 대략 열 달 정도가 되면 무엇인가를 붙잡고 일어서기 시작합니다. 일 년이 지나면 아장아장 걷습니다. 이것이 성장 과정의 평균값입니다. 그런데 이 '평균값'에 집착하는 탓에 아기에게 필요 이상으로 신경질적이 되는 부모가 있다고 합니다. "우리 아이는 태어난 지 열한 달이 됐는데 아직도 주변 물건을 붙잡고 일어서지 못해요. 뭔가 문제라도 있는 걸까요?" 병원을 찾아와 걱정스러운 표정으로 이렇게 말하는 부모도 많다고 합니다. 두 돌이 지났는데도 주변 물건을 잡고 일어서지 못하면 당연히 불안할 수밖에 없습니다. 하지만 평균보다 조금 늦는다고 걱정하는 태도는 지나친 것이 아닐까?

또 아이가 초등학교 일 학년이 되면 신체나 두뇌 발달에 관한 여러 데이터가 눈에 들어옵니다. 평균 신장은 몇 센티미터이고 평균 체중은 몇 킬로그램, 평균 아이큐는 몇, 오십 미터 달리기 평균 기록은 몇 초 같은 데이터이지요. 모든 것이 수치화돼 마치 그 정도가 되어야 정상인 것처럼 생각하게 만듭니다. 하지만 그런 평균값에 딱 맞아떨어지는 아이는 사실 한 명도 없습니다.

우리 사회에는 이런 실체 없는 평균값이 넘쳐 납니다. 평균 결혼 연령이나 평균 출산 연령, 평균 자녀의 수, 평균 연봉 같은 것들이지요. 어지간히도 평균값이 좋은가 봅니다. 그리고 이렇게 제시된 숫자를 보면 자기도 모르게 그것과 자신을 비교하고 맙니다. 자신의 연봉이 평균 연봉보다 많으면 기뻐하고, 적으면 콤플렉스를 느낍니다. 그뿐만 아니라 평균이 아닌 자신이 불안해집니다. 정말 쓸데없는 불안이라고 생각하지 않습니까? 평균값을 하나의 지표로서 냉정하게 바라보는 것은 좋지만, 여기에 집착하면 자신의 인생을 걷지 못합니다. 우리가 지향해야 할 것은 '보통'도 아니고 '평균'도 아닙니다. 자신만의 인생을 걷는 것입니다. 그것을 지향하는 것이 중요합니다.

세상에 넘쳐 나는 '보통'에 현혹되어서는 안 됩니다. 만약 평생 동안 결혼하지 않고 혼자 살겠다고 결정했다면 그 사람에게는 그것이 '보통'입니다. 소득이 평균보다 적은 일이라도 자신이 하겠다고 결정했다면 그것이 그 사람의 '생업'입니다. 스스로 결정하는 것, 자신을 믿고 인생을 선택해 나가는 것이 중요합니다.

인간 한 사람 한 사람은 모두 다른 존재입니다. 선택의 가짓수는 사람의 수만큼 많고, 삶의 방식 또한 사람의 수만큼 다양합니다. 어떤 선택을 하든, 어떤 길을 걷든 자신이 고민 끝에 결정한 것이라면 전부 정답입니다. '나는 이런 인생을 걷기로 결정했다, 누가 뭐라고 하든 나는 이 길을 걷겠다.' 이렇게 결심을 굳히고 인생을 걸어갑니다. 하지만 도중에 후회가 엄습할 때도 있습니다. '다른 선택이 있지는 않았을까? 역시 그때 다른 길을 걸었어야 했어.' 이런 후회가 들 때도 있습니다. 그것은 당연한 일입니다. 한 점의 후회도 없는 인생은 없습니다. 아무리 신념이 강하든, 아무리 자신을 믿고 자신의 길을 선택했든 후회는 반드시 따르기 마련입니다. 그것이 사람입니다.

자신이 선택한 길에 대한 후회. 모든 사람이 많든 적든 그런 후회를 품고 살아갑니다. 아무리 자신만만해 보이는 사람도 마음속 깊은 곳에는 수많은 후회가 잔가시처럼 박혀 있습니다. 그리고 이 후회하는 마음이 있기에 사람은 성장의 계단을 하나하나 오를 수 있습니다.

자신이 선택한 길에 대한 후회는 문제가 되지 않습니다. 다만 '평균'이나 '보통'을 의식해서 생긴 후회는 무겁고 어두운 후회로, 우리 마음속에 남습니다. 실체가 없는 것과 비교하는 것은 실체가 없는 길을 걷는 것입니다. 만약 지금 여러분이 '보통'과 자신을 비교해 불안을 느낀다면 다시 한번 생각해 보기 바랍니다. 여러분이 생각하는 그 '보통'은 대체 무엇입니까? 그 정체는 무엇입니까? '평균'적인 사람이란 어떤 사람입니까? '보통' 사람은 대체 어디에 있습니까? 그리고 여러분이 '보통'이라고 생각하는 그 사람은 행복한 사람입니까?

세상사를 '지식'의 잣대로만 보지 않는다

지식이 편중되는 시대입니다. 방대한 정보가 밀려오는 가운데 그것을 지식이라는 잣대를 통해 바라봅니다. 이것은 결코 나쁜 일이 아닙니다. 하지만 지나치게 지식만 중시한 나머지 지혜를 잃어버리는 것은 아닌가 하는 느낌을 받습니다.

얼마 전 한 이십 대 남성과 이야기를 나눴습니다. 그 남성에게는 오랫동안 교제한 여성이 있습니다. 물론 장래를 약속한 사이입니다. 그런데 남성은 마음속으로는 결혼을 결심했지만 좀처럼 용기가 나지 않는다고 합니다. 이유를 물어보니 경제적인 불안감 때문이라더군요. 그 남성의 월급은 이백만 원이 조금 넘는 정도였습니다. 둘이 일하면 사백만 원이 되지만 아이가 생기면 여성이 일을 그만둬야 하는데 그러면 자신의 월급만으로는 도저히 생활할 수 없다는 것이지요.

월급 이백만 원에서 아파트 월세 백만 원을 빼면 백만 원이 남습니다. 식비는 아무리 아껴도 오십만 원이 듭니다. 여기에 광열비와 잡지 등을 계산하면 도저히 생활할 수 없다는 게 그 남성의 얘기였습니다. 물론 현실적으로는 그 남성의 말이 맞습니다. 다만 저는 그 남성이 지식의 잣대로만 생각한다는 느낌을 감출 수 없었습니다. 무엇에 얼마가 들어가니까 지금의 급여로는 감당할 수 없다고 생각하지 말고 다른 지혜를 짜 보면 어떨까요? 월급이 이백만 원밖에 안 된다면 그 돈 내에서 생활하는 지혜를 짜내는 것입니다. 가령 그 남성은 월세로 백만 원을 예상했습니다. 하지만 반드시 월세가 백만 원인 아파트에 살 필요는 없습니다. 월세가 오십만 원인 연립 주택을 찾을 수도 있습니다. 식비는 집에서 만들어 먹는 방법으로 줄일 수 있습니다. 아이가 생기기 전까지 돈을 모으는 방법도 있습니다. 이렇게 제시된 데이터만으로 삶을 바라보지 말고 실제 자신의 생활을 꾸려 나가기 위한 지혜를 짜낸다면 방법은 있습니다. 결국 중요한 사실은 월세가 백만 원인 아파트에 사는 것이 아닙니다. 두 사람이 함께 사는 것이지요.

또 노후 자금으로 얼마가 필요하다는 식의 숫자도 자주 봅니다. 정년이 되어서도 이십 년 이상 살아야 하므로 그때를 대비해 몇 억은 저축해야 한다는 것이지요. 전문가들은 연간 생활비가 얼마 필요하다든가, 때로는 노후에 여행비도 있어야 한다고 마치 협박하듯 주장합니다. 숫자를 앞세우며 지식만으로 인생을 설계하려 합니다. 이것이 전혀 의미 없는 일은 아닙니다만, 여기에만 집착하면 불안은 점점 증폭될 뿐입니다.

어느 정도의 준비는 물론 필요합니다. 하지만 준비가 완벽하지 않다고 해서 불안해할 필요도 없습니다. 만약 저금이 부족하다면 부족한 대로 그 돈으로 생활할 지혜를 궁리하면 됩니다. 우리 인간에게는 그런 지혜가 있습니다. 그 지혜에 주목하십시오.

흔히 우리는 지식을 사용해 미래를 이야기합니다. 지금 이러이러하니 오 년 뒤에는 이렇게 될 것이다, 십 년 뒤에는 틀림없이 이 정도를 모을 수 있다, 주가는 이만큼 오를 것이다………. 이런 식으로 예상합니다. 만약 이러한 지식이 미래를 밝게 만들 수 있다면 이 세상에 비참

한 일은 일어나지 않을 것입니다. 하지만 모든 일이 머릿속에서 그린 대로 진행되지는 않습니다. 그것을 알기에 인간은 지혜를 키우려 노력해 온 것입니다.

   지식을 익히는 것은 물론 중요합니다. 하지만 지식만 중요하게 생각해서는 안 됩니다. 지식이 불필요한 불안감을 낳는다는 사실을 알아야 합니다. 여러분이 지금 겪는 불안의 대부분은 틀림없이 여러분의 지식이 만들어 낸 것입니다. 어쩌면 신경 쓸 필요가 없는 숫자에 연연할 뿐인지도 모릅니다. 다시 한번 여러분을 둘러싼 불안을 직시해 보기 바랍니다. 그리고 인생을 풍요롭게 할 지혜를 갖추기 바랍니다. 지식으로는 해결할 수 없는 불안감을 마음의 지혜가 해소해 줄 것입니다.

매일매일의 할 일이
불안을 잠재운다

　미래에 대한 막연한 불안. 손에 잡히지 않는 구름 같은 불안. 이런 불안감은 나이에 상관없이 우리를 괴롭힙니다. 이십 대도, 사십 대도, 환갑을 넘긴 사람의 마음속에도 이런 불안감이 있습니다. 구체적인 내용은 다를지 모르지만 그 본질은 나이가 어떻든 다르지 않습니다.

　다만 젊을 때는 불안에 대한 내성이 강한 법입니다. 똑같이 막연한 불안감이 있더라도 젊을 때는 그것을 튕겨 낼 힘이 있습니다. 그렇다면 그 불안감을 튕겨 내는 힘은 과연 무엇일까요? 체력이나 기력도 그런 힘들 중 하나입니다. 하지만 가장 큰 힘은 눈앞에 해야 할 일이 산더미처럼 쌓여 있다는 현실입니다.

　미래에 나는 어떻게 될까. 행복한 인생을 살 수 있을까. 젊은 시절에도 때로 이런 불안감이 엄습합니다. 하지만 그 불안감과 씨름하느라 시간을 보낼 여유가 없습니다. 문득 불안감이 엄습하더라도 내일이 되면 다시 회사에 가야 합니다. 해야 할 일이 산더미처럼 쌓여 있습니다. 불안감은 어느새 바쁜 일과에 묻혀 버립니다. 결코 그 불안감이 사라진 것은 아니지만, 적어도 생각할 시간은 줄어듭니다. 밤이 되어 문득 불안감에 사로잡혀도 다음 날 아침에는 아이들 아침을 차려야 합니다. 불안거리에 대해 이것저것 생각하기보다 먼저 내일 아침 반찬을 무엇으로 할지 생각해야 합니다. 그런 일상에 불안감은 조금씩 파묻혀 갑니다. 해야 할 일이 눈앞에 있다. 저는 이것이 젊음의 특권이며 행복한 일이라고 생각합니다.

그런데 나이를 먹으면 해야 할 할이 점점 줄어듭니다. 아이들도 독립해 집안에는 부부만 남습니다. 하물며 회사를 정년퇴직하면 할 일이 완전히 사라져 버립니다. 회사에 있을 때는 매일 바쁜 업무가 계속돼 하루 빨리 일에서 벗어나기를 바랐는데, 막상 일에서 해방되면 아무것도 할 일이 없는 자신을 발견합니다. 상실감이 커지고, 막연한 불안감이 단숨에 분출됩니다. 이것은 새로 생긴 불안감이 아닙니다. 전부터 마음속에 자리한 것이 남아도는 시간에 분출된 것이지요. '해야 할 일이 없다.' 이것은 인간에게 가장 괴로운 일이라고 해도 과언이 아닙니다. 아무리 힘든 일이라도 해야 할 일이 있다면 행복합니다. 힘든 일과 씨름하는 가운데 살아 있음을 실감할 수 있기 때문입니다. 해야 할 일이 없으면 살아 있다는 실감조차 느끼지 못합니다. 그리고 '한가한' 시간이 쓸데없는 생각을 불러일으키며, 그 쓸데없는 생각은 이윽고 막연한 불안감으로 발전해 마음을 괴롭힙니다.

여생의 불안은 '하고 싶은 일'로 지운다

'여생'이라는 말을 종종 듣습니다. 더 이상 일하지 않고 사회 활동에도 참여하지 않은 채 그저 죽음이 찾아오기만을 기다리는 시간. 여분의 인생. 그런 의미가 담긴 말입니다. 하지만 사람의 인생에 '여생' 같은 것은 없습니다. 인생에는 여분이라는 것이 있을 리 없습니다. 회사에는 정년퇴직이 있지만 인생에는 정년이 없습니다. 만약 인생에 정년이 있다면 그것은 '정해진 수명'이 다한 순간, 즉 죽음을 맞이하는 순간입니다. 목숨이 있는 한 우리는 꿋꿋하게 살아가야 합니다. '여생'이라는 말 뒤에 숨어 그것을 방패 삼아 그저 막연히 인생을 보내는 것은 본인뿐만 아니라 주위 사람들도 불행에 빠트리는 일입니다.

먼저 자신이 해야 할 일이 무엇인지 찾아보십시오. 그전까지 '해야 할 일'은 회사에서 지시받은 일이었습니다. 혹은 가족을 위해 필요한 일이었습니다. 즉, '해야 할 일'을 외부에서 받는 데 익숙합니다. 하지만 앞으로는 스스로 '해야 할 일'을 찾으려고 노력하십시오. 이를 위해서는 먼저 기존의 사고방식에서 벗어나 일의 방향을 바꿔야 합니다.

그전까지는 일에 명확한 목적이 있었습니다. 가장 큰 목적은 일을 해서 생활비를 버는 것이지요. 조금이라도 급여를 많이 받으려고 애썼고, 가족을 지키고자 노력했습니다. 혹은 회사에서 높은 평가를 받기 위해 노력했습니다. 여기에는 명확한 목적의식이 있습니다. 하지만 환갑이 지났다면 이 목적을 조금 바꿔 보십시오. 자신만을 위해서가 아니라, 자신의 가족만을 위해서가 아니라 사회를 위해 힘을 써 보는 것입니다. 물론 전부 다 내팽개치고 사회 공헌에만 힘을 쓰라는 말은 아닙니다. 자신이 지닌 힘의 극히 일부를 사회 공헌에 쓰면 됩니다. 가령 100의 대가를 받을 만한 일을 했다면 70만 받고 나머지 30은 사회에 환원한다고 생각하는 것입니다.

개중에는 정년퇴직 후 자원봉사에 열정을 쏟는 사람도 있습니다. 참으로 훌륭한 마음가짐이라고 생각합니다만, 그래도 저는 역시 대가를 받는 편이 좋다고 생각합니다. 자원봉사만 하면 오래 지속하기 어렵습니다. 돈이 일체 개입되지 않으면 언뜻 아름다워 보이지만 사회에 대한 책임감이 희박해집니다. 적은 금액이라도 좋으니 대가를 받는 편이 의욕도 생깁니다.

"왜 일을 합니까?"라는 질문을 받으면 젊은 사람은 "좀 더 풍요롭게 살고 싶어서."라고 대답할 것입니다. 이것은 지극히 당연한 대답입니다. 언뜻 자기중심적으로 들릴지 모르지만, 젊을 때는 그래도 상관없다고 생각합니다. 다만 환갑이 넘어서 같은 질문을 받는다면 젊을 때와는 다르게 대답할 수 있어야 합니다. "좀 더 풍요롭게 살고 싶은 마음도 있고, 사회에 은혜를 갚고 싶은 마음도 절반은 있다."라고 말이지요. 이런 마음가짐이 인생을 풍요롭게 만들어 줍니다. '사리私利를 전부 버릴 수는 없지만 이타利他의 부분을 조금씩 늘려 나간다.' 사고방식을 이렇게 바꾸면 '해야 할 일'이 새롭게 보이기 시작합니다. 그리고 눈앞에 '해야 할 일'이 보이기 시작하면 막연한 불안감은 마음속 깊은 곳으로 모습을 감춥니다.

나만의 꿈과 목표를 갖는다

젊은 사람과 나이 든 사람은 다른 점이 있습니다. 바로 꿈이나 목표가 있느냐 하는 것입니다. 젊은 사람에게는 많은 꿈과 목표가 있습니다. 미래에 대한 불안감은 있지만 그 불안과 동등한 크기의 꿈이 있습니다. 그런데 "나는 꿈도 목표도 없어."라고 말하는 젊은이도 종종 있습니다. 그들은 자신에게 꿈이 없는 이유를 사회 탓으로 돌립니다. 목표가 없는 것이 자신을 둘러싼 환경 탓이라고 말합니다. 하지만 사실은 그렇지 않습니다. 그들이 젊은 나이에도 꿈이나 목표가 없는 이유는 꿈이나 목표를 누군가가 주는 것이라고 생각하기 때문입니다. 꿈이나 목표는 누군가가 주는 것이 아닙니다. 앉아서 기다리면 저절로 찾아오는 것이 아닙니다. 일어서서 찾으러 가야 합니다. 꿈을 찾지 않는 사람들은 자기도 모르게 불안감에 사로잡힙니다. 꿈은 불안을 없애주는 무기인데, 그것을 손에 넣으려 하지 않습니다. 꿈이 없는 것은 사회의 탓이 아닙니다. 목표가 보이지 않는 것은 여러분의 재능이나 환경 탓이 아닙니다. 그 원인은 여러분 자신의 마음에 있습니다.

꿈이나 목표는 나이를 먹으면 사라지는 것일까요? 결코 그렇지 않습니다. 분명 여러 가능성이 낮아지기는 합니다. 꿈을 이룰 수 있는 시간도 점점 줄어듭니다. 하지만 꿈의 질은 변할지언정 꿈이 사라져 없어지는 일은 절대 없습니다. 아무리 작은 꿈이라도 상관없습니다. 먼저 실현할 수 있는 것부터 자신만의 목표를 찾아내십시오. 꿈의 크기는 전혀 중요하지 않습니다. 또 타인과 비교할 필요도 없습니다. 자신의 꿈을 향해 정직하게 살아가십시오. 혹은 달성할 수 없는 꿈도 괜찮습니다. 가족에게 "꿈이 너무 터무니없어요."라는 핀잔을 들어도 상관없습니다. 설령 달성하지 못해도 그 꿈을 향해 끊임없이 달려가십시오. 그 과정에서 수많은 행복을 느낄 수 있습니다.

그리고 그 꿈을 친구에게 이야기하십시오. 꿈이나 목표가 같은 사람끼리 그 꿈에 대해 이야기를 나누십시오. "나는 사회에 이런 공헌을 하고 싶어.", "내 커리어를 이런 식으로 활용하고 싶어.", "젊은이들에게 이런 메시지를 전하고 싶어." 이런 이야기를 나눌 수 있는 친구를 사귀십시오. 서로의 꿈을 이야기하다 보면 그 꿈은 어느덧 구체적인 목표로 모습을 드러냅니다. '꿈 이야기'는 입 밖으로 꺼낼 때 비로소 현실감을 띠기 시작합니다. 그리고 자신이 '해야 할 일'이 점점 명확해집니다. 이렇게 되면 '여생' 같은 한가한 소리는 하지 않게 될 것입니다.

인간은 살아 있는 한 끊임없이 꿈을 좇아야 합니다. 꿈을 잃는 것은 인간에게 가장 괴로운 일입니다. 아주 작은 꿈이라도 그것을 좇을 때는 쓸데없는 불안감이 고개를 들지 않습니다. 꿈을 향해 끊임없이 달리는 사람에게는 옆으로 스쳐 지나가는 불안의 씨앗이 눈에 들어오지 않습니다. 애써 외면하는 것이 아니라 눈에 들어오지 않는 것입니다. 여러분 마음속에 떠오르는 그 불안의 90퍼센트는 '지금'에 집중하고 행동함으로써 지울 수 있습니다.

그리고 꿈의 조각을 하나 찾았다면 그것을 사람들에게 이야기하십시오. "나한테는 지금 이런 꿈이 있어."라고 말이지요. 이렇게 다른 사람에게 말하는 순간 그 꿈에 혼이 주입됩니다. 혼이 주입된 꿈이나 목표는 점점 모습을 갖춰 나갑니다. 그 작은 꿈의 혼이 찬란하게 빛나기 시작할 때, 여러분은 제2의 인생을 시작할 수 있습니다.

2장
걱정하는 습관

☺

격정할 시간이
있으면
최대한 준비한다

걱정병은
잘못이 아니다

　걱정과 불안. 이것은 언뜻 똑같아 보입니다. 또 어떤 의미에서는 연결된 부분도 있습니다. 하지만 이 책에서는 조금 다른 것으로 생각하려 합니다. 불안감은 대부분 실체가 없습니다. 그리고 현재뿐만 아니라 미래에 대해서도 찾아옵니다. 이에 비해 걱정은 아주 가까운 곳에 있습니다. 이것은 매우 구체적이며, 지금이나 내일 또는 모레처럼 가까운 미래에 존재합니다. 하나하나 잘 들여다보면 마음속의 작은 가시와 같은 것인지도 모릅니다.
　'걱정병'이라는 말이 있습니다. 걱정병이 있는 사람은 아주 작은 일까지 자기도 모르게 걱정합니다. 걱정하지 않아도 될 일까지 신경 씁니다. 이것은 바꿔 말하면 습관 같은 것입니다. 한편 '불안증'도 있습니다. 이것은 좀 더 뿌리가 깊으며 심하면 병으로 이어질 우려도 있습니다. 그래서 저는 걱정과 불안이 약간 다르다고 생각합니다.

걱정병 때문에 종일 걱정이 끊이지 않는 사람 중에는 그런 자신을 바꾸고 싶은 사람도 있습니다. 하지만 저는 걱정병이 결코 마이너스만은 아니라고 생각합니다. 가령 저는 누군가와 만나기로 약속하면 반드시 약속 시간 10분 전에 도착하려고 노력합니다. 그렇게 하다 보면 결과적으로 15분 전에 도착하는 일이 많습니다. 제가 이렇게 하는 이유는 만에 하나 지하철이 늦게 오거나 생각지 못한 일이 일어나면 어떡하나 걱정하기 때문입니다.

지하철이 다소 늦게 도착하더라도 여유 있게 출발하면 약속에 많이 늦는 일은 피할 수 있습니다. 무슨 일이 생기면 지각할지도 모른다는 걱정 때문에 집을 일찍 나섭니다. 그런데 저는 사실 이것은 걱정이 아니라 조심스러움이라고 생각합니다. 무언가 걱정스러운 일이 있다면 그 걱정을 없애기 위해 조심스럽게 행동하면 됩니다. 아무런 행동도 하지 않고 그저 '이렇게 되면 어떡하지?', '실패하면 어쩌지?'라고 고민만 해서는 무엇 하나 해결되지 않습니다. 마음속에서 생각을 거듭할수록 걱정은 점점 커집니다. 이것이 걱정을 낳는 원인입니다.

생각만 하지 말고 일단 행동으로 옮겨야 합니다. 가령 내일 중요한 일이 있다고 칩시다. '잘할 수 있을까?', '실패하면 어쩌지?' 일을 하다

보면 이런 걱정은 다반사입니다. 내일 일이 걱정돼 밤에도 잠을 이루지 못합니다. 하지만 이런 정신 상태로는 잘 풀릴 일도 망치게 됩니다. 걱정한다고 문제가 해결되지 않습니다. 걱정할 시간이 있으면 최대한 준비를 하십시오. 내일 업무를 위해 지금 할 수 있는 온갖 대책을 궁리하십시오. 더 이상 준비할 게 없다는 생각이 들 때까지 준비하십시오. 만약 그 정도로 만전을 기한다면 걱정은 저절로 사라지기 마련입니다. '내가 할 수 있는 건 다했으니 이제 하늘의 뜻에 맡기는 수밖에 없지.'라고 마음을 비울 수 있습니다. 만에 하나 일이 잘 안 풀려도 자신이 할 수 있는 일은 다했다는 만족감은 반드시 남습니다. 요컨대 걱정은 최대한의 노력을 기울이지 않았다는 증거라고도 할 수 있습니다.

'돌다리도 두드려 보고 건넌다.'라는 속담이 있습니다. '이 다리를 건너도 안전할까?' 하는 걱정에 돌다리를 두드려서 안전을 확인합니다. 이렇게 자신이 직접 확인해 보면 "됐어. 이 다리는 안전해." 하며 편안히 건널 수 있습니다. 자신의 몸을 지키기 위해 조심하는 것입니다. 걱정만 하는 사람은 다리가 안전한지 어떤지 확인하지도 않고 무작정 '내가 건너는 도중에 무너지면 어쩌지?'라며 건너기를 주저합니다. 걱정하기 전에 먼저 직접 확인하는 것이 중요합니다. 물론 아무런 확인도 하지 않고 다리를 건너는 사람도 있습니다. 위험한 것이 눈에 보이는데 걱정 없다며 자신만만하게 건넙니다. 그러다 결국 다리가 무너집니다. 이런 사람은 배짱이 두둑하다든가 자신감이 넘치는 것이 아닙니다. 그저 조심성과 판단력이 떨어지는 사람일 뿐이지요.

　세상에는 여러 위험이 있습니다. 밖에 나가면 누군가에게 감기가 옮을 수도 있고, 약속이 있는데 지하철이 늦게 올 수도 있습니다. 모든 위험을 피하기는 어렵습니다. 또 그런 위험을 걱정하는 것으로는 문제를 해결할 수 없습니다. 감기에 옮을까봐 걱정되면 마스크를 쓰고 나갑니다. 지하철이 제때 오지 않을까봐 걱정되면 지하철이 연착돼도 늦지 않도록 일찍 출발합니다. 이런 준비가 중요합니다. 물론 아무리 준비를 철저히 해도 어쩔 수 없는 경우 또한 있습니다. 마스크를 쓰고 양치질을 열심히 해도 감기에 걸릴 때는 걸립니다. 이것은 체념하는 수밖에 없습니다. 그렇게까지 완벽히 준비할 수는 없기 때문입니다. 할 수 있을 만큼 했다면 나머지는 하늘에 맡긴다는 마음가짐도 필요하지 않을까요?

　지금 여러분에게 걱정거리가 있다면 그것을 종이에 적어 보기 바랍니다. 그리고 그 걱정거리 하나하나에 대해 자신이 할 수 있는 일을 생각해 보십시오. 해야 할 일이 보이면 즉시 실행에 옮기십시오. 걱정만 하지 말고 일단 행동에 들어가는 것입니다. 행동할 때는 걱정도 고개를 치켜들지 않습니다.

애정에서 비롯한 걱정은 상대에게 전해진다

행동을 하면 사그라지는 걱정이 있는 반면 행동을 할 수 없는 걱정도 있습니다. 그중 하나가 가족에 대한 걱정입니다. 시골에 사는 부모님이 잘 지내시는지, 몸은 건강하신지, 불편한 점은 없는지 걱정되지만 가끔 뵈러 갈 형편도 못됩니다. 고작 전화로 목소리를 들을 수밖에 없습니다. 반면 부모는 혼자 사는 자녀가 걱정됩니다. 밥을 잘 챙겨 먹는지, 감기에 걸리지 않았는지, 돈은 있는지 걱정되지만 해 줄 수 있는 것은 없습니다. 걱정해도 소용이 없다는 걸 잘 알지만 그래도 걱정이 됩니다. 이것이 부모와 자식이 서로를 생각하는 마음입니다.

혈육에 대한 걱정은 모두에게 있습니다. 그리고 이 걱정은 의식적으로 외면할 필요가 없습니다. 이것은 애정에서 비롯한 것이기 때문입니다. *사랑하기 때문에 그 사람이 걱정되는 것은 인간으로서 당연한 감정이며, 이것은 참으로 아름다운 마음입니다.* 설령 해 줄 수 있는 것이 없다 해도 멀리서 지켜보는 그 마음은 부모 또는 자녀에게 반드시 전해집니다. 우리는 자신을 걱정하는 가족의 마음을 충분히 알기에 제대로 생활하려고 노력합니다. 부모는 자녀들에게 걱정을 끼치기 싫다는 생각에 건강에 신경을 씁니다. 곁에는 없지만 가족이 자신을 걱정한다는 생각에 안심하면 사람은 강하게 살 수 있습니다.

부모가 자식을 생각하는 마음. 자식이 부모를 생각하는 마음. 이것은 몇 살이 되든 변하지 않습니다. 깊은 애정이 있는 한 그 마음은 영원합니다. 저는 예전에 이런 일화가 담긴 기사를 읽은 적이 있습니다.

A씨는 편모슬하에서 자랐습니다. 그의 어머니는 열심히 일해서 외아들을 키웠지요. 가정 형편은 어려웠지만 A씨는 노력을 거듭해 대학에 진학했습니다. 아르바이트로 학비를 벌고 식비를 아끼며 공부에 힘썼습니다. 그리고 그런 노력이 결실을 맺어 A씨는 회사를 세우고 그 회사를 성공적으로 이끌었습니다.

성공을 거둔 A씨는 오랜만에 시골에 사는 어머니를 찾아갔습니다. 운전사가 모는 고급 승용차에 값비싼 선물을 잔뜩 싣고 어머니를 만나러 갔습니다. 어머니는 늠름해진 A씨를 보고 진심으로 기뻐했습니다. '아버지가 없는 탓에 외아들에게 고생을 많이 시켰다. 애정은 있지만 아무것도 해 준 게 없다.' 어머니는 항상 이런 미안함을 품고 살았을 것입니다.

오랜만에 어머니와 즐거운 시간을 보낸 A씨는 돌아갈 준비를 했습니다. 그런데 어머니가 방에 들어오더니 A씨의 손에 무엇인가를 쥐어 주었습니다. 손을 펴 보니 꼬깃꼬깃한 만 원짜리 지폐 한 장이었습니다. "이걸로 몸에 좋은 거라도 사 먹으렴." 어머니는 그렇게 말했습니다. 회사를 운영하며 많은 돈을 버는 A씨에게 그것은 너무나도 보잘것 없는 금액입니다. 하지만 어머니에게는 소중한 돈입니다. 어머니는 그런 소중한 만 원을 자식 손에 쥐어 주었습니다. 자식에게 맛있는 음식을 먹이고 싶은 어머니의 마음이 담긴 돈이었습니다.

어머니의 애정과 걱정하는 마음이 가득 담긴 한 장의 지폐. 이후 A씨는 그 꼬깃꼬깃한 만 원짜리 지폐를 항상 품에 지니고 다닌다고 합니다. 저는 부모의 사랑이 이런 것이라고 생각합니다.

만약 여러분의 걱정이 애정에서 비롯한 것이라면 그것은 소중히 지녀야 할 걱정입니다. 설령 무엇인가를 해 줄 수 없더라도 그 마음은 틀림없이 그 사람에게 전해질 것입니다. 저는 그렇게 믿습니다.

지금 행동하면
걱정하는 일은 생기지
않는다

사소한 걱정에서부터 조금 심각한 걱정까지, 우리는 수많은 걱정거리를 안고 삽니다. 걱정한다고 달라질 것이 없다는 걸 알면서도 걱정이 됩니다. 이것이 인간의 마음이 아닌가 싶습니다.

그런데 이 걱정은 대체 어디에 존재하는 것일까요? 과거·현재·미래를 생각할 때 모든 걱정은 미래에 있습니다. 과거의 걱정은 이미 지난 일이므로 어쩔 도리가 없습니다. 설령 걱정했던 일이 일어났더라도 이미 일어난 일은 되돌릴 방법이 없습니다. 대책을 마련하는 수밖에 없지요. 그리고 그 순간 그것은 걱정이 아니게 됩니다. '걱정'에서 '해야 하는 일'로 변하지요. 그렇게 되면 의외로 마음이 편해집니다. 그저 막연하던 상대의 모습이 보이게 되니까요. 이렇게 생각하면 과거에는 걱정이 존재하지 않는다고 할 수 있습니다.

모든 걱정은 미래라는 시간에만 존재합니다. '내일 이것을 할 수 있을까? 다음 주로 예정된 일이 원활하게 진행될까?' 이렇듯 걱정은 아직 오지 않은 시간에 자리하고 있습니다. 말하자면 모든 걱정거리는 '앞으로의 일'인 것입니다. 그리고 그것은 지금이라는 순간에는 사라져 버립니다. 내일 일이 걱정돼도 그 내일이 오면 걱정은 느껴지지 않습니다.

가령 다음 주에 야구 경기가 있다고 생각해 봅시다. 중요한 경기라서 꼭 이기고 싶습니다. 연습은 충분히 했다고 생각하지만 역시 마음속 어딘가에는 걱정이 자리하고 있습니다. '실책을 하면 어쩌나. 안타를 하나도 못 치면 어쩌나. 나 때문에 경기에서 지면 어쩌나.' 그 경기에 대해 생각할수록 새로운 걱정의 씨앗이 발견됩니다. 이와 같이 긴장감 때문에 걱정한 경험은 누구에게나 있습니다. 이 걱정은 경기가 시작되는 그 순간까지 떠나지 않습니다.

하지만 경기가 시작되는 순간, 그때까지의 걱정은 모두 사라집니다. 왜 그럴까요? 지금이라는 순간에 집중하기 때문입니다. 공 하나하나에 온 신경을 집중합니다. 쓸데없는 생각은 하지 않고 경기에만 집중합니다. 자신이 야구 자체가 되는 상태입니다. 요컨대 미래에 찾아올 걱정거리는 그것이 찾아온 순간 모습이 바뀝니다.

선종에는 '삼세三世를 산다.'는 말이 있습니다. '삼세'란 과거·현재·미래를 가리킵니다. 그리고 이 '삼세'를 각각 상징하는 부처님은 아미타불, 석가모니불, 미륵불입니다. 사람은 이 '삼세'에서 사는데 선에서 가장 중요하게 생각하는 것은 '현재'라는 시간입니다. 분명 현재 전에는 과거라는 시간이 흐릅니다. 그리고 미래라는 시간도 바로 눈앞에 있습니다. 하지만 그 과거를 후회하거나 미래를 걱정한들 아무런 의미도 없습니다. 우리가 살아야 하는 것은 '지금'이라는 이 순간입니다. 과거에 사로잡히지 않고, 미래를 불안해하지 않고 지금이라는 순간에 모든 신경을 쏟는 것. 이것이 선의 기본적인 사고방식입니다.

시간은 끊임없이 흘러갑니다. 가령 지금 여러분은 이 책을 읽고 있습니다. 하지만 앞 페이지를 읽던 여러분은 이미 과거의 여러분입니다. 그리고 다음 페이지를 읽을 여러분은 미래의 여러분입니다. 호흡조차 마찬가지입니다. 숨을 들이마시고 내쉽니다. 들이마시는 순간은 현재이지만 그 숨을 내쉬는 순간 그것은 이미 과거가 됩니다. 중요한 것은 어디에 있을까요? 그것은 앞 페이지도 아니고 다음 페이지도 아닙니다. 이 줄을 읽는 지금이야말로 가장 중요한 순간입니다.

지금이라는 순간에 의식을 집중하십시오. 지금 해야 할 일을 하고,

그 일에만 주목하십시오. 지나간 일에 집착하거나 아직 오지 않은 시간을 필요 이상으로 두려워할 필요는 없습니다. 모든 사건은 반드시 과거가 되며, 바라든 바라지 않든 미래는 반드시 찾아옵니다. 아무리 짜증나는 일이나 괴로운 일이 있더라도 다음 순간은 반드시 찾아오는 법입니다. 기분을 전환하려 노력하며 지금이라는 순간에만 주목하십시오.

눈앞에 까마득히 긴 계단이 있습니다. 그 계단을 앞에 두고 오르기를 포기하는 사람도 있습니다. 계단 끝에 무엇이 기다릴지 걱정돼 오르기를 주저합니다. 어쩌면 멋진 풍경이 펼쳐질지 모르는데, 계단 위 세상을 걱정한 나머지 첫발을 내디디려 하지 않습니다. 이것이야말로 과거의 자신에 집착해 현재를 살지 않는 모습입니다. 눈앞에 있는 계단을 하나하나 올라가 보십시오. 오르는 데만 신경을 집중하며 열심히 걸어가는 것입니다. 그리고 도중에 자신이 온 길을 뒤돌아보십시오. 그곳에는 틀림없이 그때까지 본 적이 없는 세계가 펼쳐져 있을 것입니다. 자신의 발자취를 온몸으로 느낄 수 있습니다. 이것이 살아 있다는 실감입니다.

이것저것 생각하지 말고 무작정 지금이라는 순간을 열심히 사십시오. 이것을 거듭하면 결과는 자연스럽게 따라오게 되어 있습니다. 지금이라는 순간에 최선을 다할 수 있는 사람은 내일도 최선을 다할 수 있습니다. 지금 최선을 다하지 못하는 사람은 평생 최선을 다하지 못합니다. '오늘 해야 할 일이지만 내일 열심히 하면 돼.'라고 생각하는 사람은 내일이 되면 또 같은 변명을 합니다. 그리고 결국 어떤 일에도 최선을 다하지 않은 채 인생을 마칩니다.

눈앞의 계단을 먼저 한 발 오르십시오. 첫발을 내디던 순간 과거에 대한 집착은 사라집니다. 이와 동시에 미래에 대한 걱정도 멀어져 갑니다. 백 개나 되는 계단도 한 계단을 오르는 순간 이미 절반을 오른 것이나 다름없습니다. 지금이라는 순간을 소중히 여기십시오.

인간관계에 대한 걱정은 '인사'로 해소한다

걱정거리는 현재가 아니라 아직 오지 않은 미래에 있습니다. 그 이유는 미래에 대한 불안 때문입니다. 자신이 경험한 일은 그 결말을 어느 정도 예상할 수 있습니다. 하지만 아직 경험하지 않은 일은 이것저것 걱정하는 것이 당연합니다. 이 '미지未知'에 대해 생각해 보지요.

요즘 들어 회사를 옮기는 사람이 늘었습니다. 회사를 옮기면 걱정이 생기는 것은 당연한 일입니다. '새로운 업무에 금방 적응할 수 있을까? 실적을 올릴 수 있을까?' 새로운 세계에서는 이런 걱정이 항상 따르기 마련입니다. 하지만 냉정하게 생각해 보면 이런 걱정은 열심히 일하는 사이에 자연스럽게 소멸됩니다. 이직을 하면 지금까지 쌓은 경험을 살리면서 일단 자신이 할 수 있는 일에 집중합니다. 그러다 보면 처음 해보는 일이 해본 일로 바뀝니다. 구체적인 해결책도 찾아낼 수 있습니다.

그런데 미지의 인간관계에 대한 걱정은 그렇게 쉽게 없앨 수 없습니다. 상대가 있기 때문에 자신의 노력만으로는 어찌할 수 없을 때도 있습니다. 회사를 옮기거나 회사 내에서 다른 부서로 이동하면 아무래도 인간관계에 대한 걱정이 뒤따릅니다. '동료들 사이에 녹아들 수 있을까?', '새로운 부서 사람들과 잘 지낼 수 있을까?' 똑같은 미지의 존재라도 사람은 그야말로 천차만별이기 때문에 예상할 수 없는 일이 일어납니다.

새로운 인간관계에 대한 불안과 걱정에 시달리는 사람이 많습니다. 저에게 상담을 구하는 분은 대부분 이런 인간관계에 대한 걱정 때문에 오십니다. 그리고 "어떻게 하면 다른 사람들과 원만하게 지낼 수 있을까요?"라고 물어보지요. 그럴 때 제가 드리는 대답은 한결같습니다. "항상 웃으면서 인사하십시오. 아침에 만나면 '안녕하세요.'라고 말하십시오. 퇴근할 때는 '수고하셨습니다. 먼저 실례하겠습니다.'라고 말하십시오. 반드시 큰소리로 말입니다."

이건 너무 당연한 것이 아니냐고 생각하는 분도 많습니다. 하지만 과연 얼마나 많은 사람이 실제로 이것을 실천할까요? 제가 보기에는 의외로 적은 것 같습니다.

아침 인사는 당연히 합니다. 하지만 작은 목소리로 웅얼거리듯이 "안녕하세요."라고 말하는 것은 인사라고 할 수 없습니다. 인사는 사람과 사람 사이에 적극적으로 파고드는 행동입니다. 서로를 생각하면서 따뜻한 말을 나누는 것, 이것이 바로 '인사'입니다.

"안녕하세요."라는 말 속에는 상대를 생각하는 마음이 담겨 있습니다. '오늘도 일찍 오셨네요. 밤새 감기라도 걸리지는 않으셨나요? 오늘 하루도 함께 열심히 일합시다.'라는 마음을 응축한 말이 바로 "안녕하세요."입니다. 만약 고개를 숙이고 작은 목소리로 웅얼거린다면 이런 마음이 상대에게 전해질까요? 전해질 리 없습니다. 사람의 목소리는 컴퓨터에서 나오는 소리와는 다릅니다. 말하는 사람의 마음이 가득 담겨 있습니다. 상대의 목소리를 듣기만 해도 그 사람의 마음을 알 수 있는 법입니다. 그래서 큰 목소리로 웃으며 인사해야 하는 것입니다. 저는 인사야말로 인간관계의 시작이며 서로의 마음을 통하게 하는 행동이라고 생각합니다.

'화안애어和顔愛語'라는 말이 있습니다. 상대를 생각하며 상대를 위하는 마음을 담은 말을 보내십시오. 온화한 웃음을 지으며 진심에서 우러나는 인사를 하십시오. 이렇게만 해도 주위 사람들의 마음은 열리기 마련입니다. 하물며 미지의 세계로 뛰어들었다면 더더욱 그렇습니다. 처음 만나는 사람에게도 웃으면서 큰 목소리로 "잘 부탁합니다."라고 말해 보십시오. 개중에는 무뚝뚝하게 반응하는 사람도 있지만, 그래도 상관없습니다. '화안애어'를 계속하면 여러분을 둘러싼 환경이 반드시 따뜻해집니다. 미지의 상대는 걱정스러울 수밖에 없습니다. '어떤 사람일까? 나를 받아들여 줄까?' 이런 걱정이 샘솟습니다. 게다가 사람들은 저마다 개성이 다양합니다. 십인십색이라는 표현이 달리 있는 것이 아니지요. 하지만 저는 이쪽이 '화안애어'로 대하는데, 그것을 거부하는 사람을 본 적이 없습니다. 표면적으로는 무뚝뚝해도 마음속으로는 받아들입니다. 이것이 사람의 마음입니다.

작은 걱정을 하나하나
없애 나간다

우리가 일상에서 하는 걱정거리는 사실 그렇게 대단한 것이 아닙니다. 하나하나 살펴보면 모두 작은 것입니다. 그래서 단 하나의 걱정거리에 종일 매달리는 일은 없지요. 다만 작은 걱정거리가 많이 모여 커다란 불안감을 일으킬 때가 있습니다. 그렇기 때문에 작은 걱정이 커다란 고민으로 발전해 마음속에 자리 잡기 전에 하나하나 없애는 노력이 중요합니다.

가령 걱정의 씨앗이 있습니다. 해야 하는 일. 해결해야 하는 일. 이것은 직장에서나 일상에서나 늘 존재합니다. 이런 걱정의 씨앗은 머리에 떠오른 순간 즉시 처리해야 합니다. 가령 금요일까지 작성해야 하는 서류가 있다고 가정해 봅시다. 한 시간 정도면 작성할 수 있지만, 오늘은 아직 월요일입니다. 이럴 때 '아직 월요일이니까 나중에 해도 된다'며 방치하는 사람이 있습니다. 목요일에 해도 늦지 않다면서 말이지요. 하지만 해야 할 일은 매일 새로 생겨납니다. 화요일이 되면 금요일까지 끝내야 하는 일이 또 들어옵니다. 수요일에는 급한 업무를 지시받습니다. 이러다 보면 일이 점점 쌓이고, 그것이 스트레스로 다가옵니다. 업무 하나하나는 별것 아니지만 그것이 쌓이면 감당할 수 없는 지경이 됩니다. '아아, 월요일에 해 둘 걸.' 하고 후회한들 때는 이미 늦습니다.

주부의 집안일도 마찬가지입니다. 해야 할 일이 잇달아 나타납니다. '화장실 휴지가 슬슬 떨어질 때가 되었구나. 목욕탕 전구 하나도 수명이 다 됐구나. 그리고 보니 아이들 감기약도 떨어졌네. 집세도 빨리 입금해야 하는데…….' 이렇게 작은 걱정의 씨앗이 계속해서 생겨납니다. 그런데 어떤 사람들은 모든 일을 나중으로 미룹니다. 시장을 보러 간 김에 약국에 들러서 감기약을 사면 되는데 그렇게 하지 않습니다. '오늘은 귀찮으니까 다음에 사자. 전구 하나쯤 안 켜져도 별 문제 아니잖아?' 조금만 발품을 팔면 해결할 수 있는데 그 작은 행동을 하지 않습니다. 그러다 보니 해야 할 일은 점점 쌓이고, 자기도 모르는 사이에 스트레스를 느끼기 시작합니다. 화장지가 다 떨어지는 정도로는 스트레스를 느끼지 않습니다. 그런 것은 걱정거리도 안 됩니다. 하지만 걱정의 씨앗이 많이 쌓이면 그것이 걱정거리로 자라날 위험성이 있습니다. 걱정거리가 적은 사람은 평소 끊임없이 작은 일들을 처리해 나갑니다. 할 수 있는 일은 즉시 합니다. 내일이라는 시간을 생각하지 않고 오늘 행동으로 옮깁니다. 작은 문제를 뒤로 미루지 않습니다. 그래서 항상 마음이 편합니다. 편한 마음에는 걱정이 발붙이기 어렵지요.

걱정거리 대부분 처음에는 작은 씨앗 상태입니다. 아직 싹이 나지 않은 씨앗입니다. 그런 걱정의 씨앗이 주위에 많이 떨어져 있습니다. 그 씨앗이 싹을 틔우기 전에 없애면 걱정이라는 잡초는 자라지 않습니다. 하지만 그대로 방치하면 걱정거리가 점점 성장합니다. 그리고 이윽고 걱정이라는 풀이 무성해져 마음을 황폐하게 만듭니다.

여러분을 둘러싼 작은 걱정, 혹은 아직 걱정으로 자라지 않은 불안 요소. 이런 것들을 하나하나 처리하십시오. 지금 당장 행동으로 옮기십시오. 만약 자신의 힘으로는 없앨 수 없다면 그것은 내버려 둬도 됩니다. 대부분은 시간이 해결해 줄 것입니다. 어찌할 수 없는 걱정거리에 대해서는 조금 마음의 거리를 두면서 바라보면 됩니다.

저는 대학에서 학생들을 가르치는데, 종종 학생들이 취업 문제를 상담하러 저를 찾아옵니다. 아니, 상담이라기보다 걱정스러운 마음을 제게 털어놓는다는 표현이 좀 더 정확한지도 모르겠습니다. 하루는 한 남학생이 제 방을 찾아왔습니다.

"선생님, 저는 A사에 꼭 가고 싶은데, 지금까지 우리 대학 출신을 채용한 적이 없는 모양입니다. 서류를 보내도 아무런 연락이 없습니다. 역시 무리일까요? 하지만 전 꼭 A사에서 일하고 싶습니다."

하루하루를 고민으로 보낸다는 그 남학생에게 저는 이렇게 말했습니다.

"그렇게 의욕이 있다면 그 회사를 직접 찾아가 보는 게 어떨까? 담당자가 만나 줄지 어떨지는 생각하지 말고 일단 밀어붙여 보는 거야. 결국 헛수고로 끝날 수도 있지만, 그래도 속은 후련하지 않겠어? 그저 고민만 해서는 해결의 실마리를 찾을 수 없어. 실마리는 행동에서 만들어지니까. 난 고민하거나 걱정하기보다 몸으로 행동하는 편이 훨씬 간단하다고 생각하는데, 어떻게 생각해?"

그 학생은 제 말을 듣고 걱정에서 해방된 모양입니다. 정확히는 해방됐다기보다 해방을 향해 발걸음을 내딛기 시작한 것이겠지요. 그렇다면 안심해도 됩니다. 설령 원하는 회사에 들어가지 못해도 그 학생은 틀림없이 자신이 원하는 일을 적극적으로 할 것입니다. '내일 하면 되겠지.'라고 생각하는 사람은 그렇지 않습니다. 저는 그 학생의 표정을 보고 그렇게 느꼈습니다.

사후死後에 대한 걱정도 해결할 수 있다

그러고 보니 요즘 들어 급격하게 늘어난 상담 주제가 있습니다. 무덤에 관한 걱정입니다. 핵가족화가 급속히 진행되면서 선조 대대로 이어져 내려온 무덤을 지킬 사람이 없어졌습니다. 혹은 평생 결혼을 하지 않거나 아이를 낳지 않아서 자신의 묘를 지켜 줄 사람이 없는 경우도 있습니다. '내가 죽으면 과연 누가 내 묘지에 와 줄까?' '내 묘지가 황폐해지는 모습을 생각하기만 해도 서글퍼진다.' 이런 고민을 털어놓는 사람이 너무 많아서 『당신의 묘는 누가 지키는가?あなたのお墓は誰が守るのか』라는 책을 썼을 정도입니다.

자신이 죽은 뒤에 대한 걱정과 불안. 이 때문에 만년을 활기차게 보낼 수 없다는 사람이 늘고 있다는 느낌을 받습니다. 하지만 이런 불안이나 걱정의 대부분은 사실 지금 당장 해결할 수 있습니다.

구체적으로 이야기하면, '계명戒名'이라는 것이 있습니다. 여러분은 이 계명을 죽은 뒤에만 받을 수 있는 것으로 믿으시지요(일본에서는 장례를 불교식으로 치르는 경우가 많다. 장례식에 스님을 모셔 독경을 부탁하고, 입관 전 스님이 고인에게 이름을 주는데 이를 '계명'이라고 한다.-편집자 주). '혼자 사는 내가 죽으면 일면식도 없는 중이 계명을 지어 준다. 계명은 영원히 남는데 마음에 들지 않는 계명은 받기 싫다.' 이런 걱정을 하는 분도 있습니다. 그렇다면 생전에 계명을 받으십시오. 그래도 됩니다. 사실 에도 시대까지는 생전에 계명을 받는 경우가 많았습니다. 아직까지 이런 풍습이 남은 지역도 있습니다. 살아 있는 동안 계명을 받는 것은 결코 불길한 행동이 아닙니다. 제게도 생전에 계명을 지어 달라는 분이 매년 몇 분씩 오십니다. 그러면 저는 긴 시간을 들여 그분이 살아온 여정을 살펴보고 그분의 인생을 나타낼 수 있는 계명을 두 개 지어드립니다. 하나만 지어드리면 억지로 강요하는 느낌이 들어서입니다.

또 자신의 묘를 지켜 줄 사람이 없어서 걱정된다면 절에서 영세 공양(공양할 자손이 끊길 경우에 대비해 절에서 장기간 묘를 관리하며 공양하는 것.-옮긴이 주)을 받는 방법도 있습니다. 저희 절에서는 앞으로 그런 분들의 위패를 모실 장소를 만들 계획입니다. 그리고 매년 반드시 공양을 합니다. 묘를 원하는 분을 위해서 합사묘를 준비해 놓았습니다. 합사묘라고 하면 왠지 서글프게 생각하는 분도 있지만, 결코 그렇지 않습니다. 절의 승려들이 매일 지켜보므로 관리가 안돼 황폐해지는 일은 절대 없습니다. 아마 앞으로는 이런 식의 묘가 늘어날 것입니다.

합사묘를 준비하고 영세 공양의 약속을 나눈다. 생전에 계명을 받는다. 그리고 엔딩 노트ending note를 만들어 자신이 세상을 떠난 뒤에 대해 적어 놓는다(엔딩 노트는 일본 노년층에서 유행하는 것으로, 고령자가 자신이 죽은 다음을 대비해 미리 쓰는 문서다. 보통 가족의 연락처나 가족에게 하고 싶은 이야기, 자신이 원하는 장례 절차 등을 적는다.-편집자 주). 이런 준비를 착실히 해 놓으면 남은 인생을 마음껏 즐길 수 있습니다. 자신이 눈을 감은 뒤에 대한 걱정은 사라집니다. 자신이 죽었을 때를 준비하는 것은 결코 우울한 일이 아닙니다. 그것은 남은 인생을 충실히 보내기 위한 긍정적 행동입니다. 스스로 행동하면 그런 걱정거리는 대부분 사라집니다.

다시 한번 말씀드립니다. 작은 걱정거리를 쌓아 두면 안 됩니다. 즉시 행동하면 대부분의 걱정은 해소되기 마련입니다. 쓸데없이 걱정만 하지 말고 일단 일어서서 행동으로 옮기십시오. 아주 작은 행동이 수많은 걱정을 지워 줍니다. 그것이 사람의 힘이기도 합니다.

3장
욕심내는 습관

갖고 싶다는
마음이 들면
일단 흘려보낸다

지족知足의 마음을
갖는다

불교에는 '지족知足'이라는 유명한 말이 있습니다. 한번쯤 들어 본 적이 있을 것입니다. '족함을 안다.'는 뜻으로 지금 자신이 가진 것에 만족하는 마음가짐입니다. 무턱대고 탐내지 않고 늘 지금 가진 것으로 충분하다는 마음을 갖는 것. 불교에서는 이런 마음이 인생을 풍요롭게 만들어 준다고 가르칩니다.

인간의 물욕은 멈출 줄 모릅니다. 하나를 손에 넣으면 열을 원합니다. 열을 손에 넣으면 여기에서 만족하지 않고 백을 원합니다. 필요 없다는 걸 알면서도 자신에게 변명을 하면서까지 손에 넣으려 합니다. 이런 물욕의 소용돌이에 휩쓸리면 영원히 만족하지 못합니다. 끝없는 물욕의 소용돌이. 이것은 마치 개미지옥과 같습니다. 어딘가에서 자신에게 제동을 걸지 않으면 물욕에 지배당한 인생을 살게 됩니다. 물건을 얻는 것이 곧 행복이라는 생각에 빠지는 것입니다.

무엇인가를 손에 넣고 싶다는 마음. '좀 더 많이 갖고 싶다. 새로운 것을 갖고 싶다.' 이런 마음은 누구에게나 있습니다. 그리고 세상은 그 욕망을 더욱 부채질합니다. 텔레비전이나 잡지 등에는 항상 새롭고 매력적인 상품이 소개됩니다. '유행'이라는 말을 교묘히 이용해 구매욕을 부추깁니다. 이것은 기업이 발전하기 위한 수단이기도 하므로 무작정 부정하지 않습니다. 다만 기업이 일으키는 그 바람에 안이하게 휩쓸리지 않는 것이 중요합니다.

정말 필요한 것이라면 사면 됩니다. 오랫동안 동경하고 원하던 것이라면 사면 됩니다. 그것까지 참을 필요는 없습니다. 우리 승려들조차 물건으로 넘쳐 나는 이 세상에서 완전히 눈을 돌리지는 못합니다. 범람하는 정보로부터 도망칠 수 없습니다. 새롭고 매력적인 상품이 나오면 역시 마음이 끌립니다. '저런 게 있었으면 좋겠다.'는 욕망도 솟아납니다. 하지만 저는 그 욕망에 구애받지 않습니다. 갖고 싶다는 마음을 부정하지는 않습니다. 그것은 사람인 이상 당연한 감정입니다. 다만 갖고 싶다고 생각하는 그 순간은 곧 과거의 마음이 돼 흘러간다는 사실을 압니다. 갖고 싶다는 마음에도 집착하지 않습니다. 이 감각을 익히면 물욕의 소용돌이에 휘말리지 않습니다.

가령 퇴근길에 매력적인 양복이 눈에 띄었다고 가정해 봅시다. '오, 멋진데? 사고 싶다.'라는 마음이 샘솟습니다. 이것은 자연스러운 감정입니다. 하지만 이번 달에는 여유가 없기 때문에 당장은 포기합니다. 그리고 집으로 가는 지하철에 몸을 싣습니다. 아직 그 양복이 눈에 선합니다. '역시 살 걸 그랬어.'라는 생각이 듭니다. 하지만 지하철에서 내릴 때는 잊고자 노력합니다. 일단 그 양복을 갖고 싶다는 마음을 잊습니다. 계속 갖고 싶다는 생각에 사로잡혀 있지 않습니다. 즉, 물욕을 그때그때 흘려보내는 버릇을 들이는 것입니다. '그 양복을 갖고 싶어.'라고 계속 생각하는 것이야말로 시간 낭비입니다. 끊임없이 샘솟는 물욕을 완전히 없앨 수는 없지만, 그때그때 흘려보내는 것은 가능합니다. 일단 흘려보내고, 그래도 필요하다는 생각이 들면 그때 사십시오. 굳이 서둘러서 살 필요는 없습니다.

집착심을 없애면 자신에게 필요한 것이 어느 정도 보이게 됩니다. 가령 지금 갖고 싶은 물건이 열 개인 경우, 그것을 잠시 방치해 둡니다. 마음속 한구석에 치워 놓는 것입니다. 그리고 어느 정도 시간이 지났을 때 다시 그 열 개를 꺼내 보십시오. 그러면 그중 다섯 개는 이미 아무래도 상관없는 것이 됩니다. 또 그 다섯 개 중에서도 네 개는 지금 당장 필요한 것이 아님을 깨닫습니다. 결국 정말 소유하기를 원하며 지금 당장 필요한 물건은 열 개 중 단 하나뿐인 것이지요.

그렇다면 무엇이 필요한 것이고 무엇이 불필요한 것일까요? 이것을 판단하는 기준이 있을까요? 그 기준은 어디까지나 자신에게 있습니다. 남의 의견대로 정해서는 안 되며, 유행에 따라 결정해서도 안 됩니다. 스스로 판단할 힘을 가져야 합니다.

여성 대부분은 가방이 여러 개 있습니다. 사회인이 되면 업무용과 사생활용 그리고 격식을 차려야 하는 장소에서 쓸 것까지 최소 세 개는 필요합니다. 이것을 다르게 생각하면 가방은 세 개면 충분하다는 뜻이기도 합니다. 각각의 용도에 따라 마음에 드는 '좋은 물건'을 구비해 두면 그것으로 충분합니다. 업무용 가방이 망가지면 그때 새로 사면 됩니다. 사생활용 가방도 그리 많이 필요하지 않습니다. 하지만 여성들은 이렇게 말합니다. "그날 옷에 맞춰 가방을 바꿔야 하니까, 옷이 바뀌면 가방도 새것이 필요해요."라고요. 이것은 이상한 사고방식입니다. 옷이라는 '물건'에 맞춰 가방이라는 '물건'을 선택합니다. 요컨대 '물건'에 지배당하는 셈이지요. '물건'이 '물건'의 기준이 됩니다. 그렇다면 자신이라는 존재는 어디로 사라진 것일까요?

물건을 사는 기준은 '자신'이어야 합니다. 내 마음에 드는 가방. 내게 어울리는 가방. 그런 눈으로 엄선한 것만 가져야 합니다. 주인공은 '물건'이 아니라 어디까지나 자신임을 잊지 말아야 합니다. 조금 고지식한 소리 같지만, 물욕에 휩쓸리는 사람은 자신이 아니라 물건을 중심으로 생각합니다.

한 여성이 있습니다. 옷맵시가 세련돼 보이지만 결코 값비싼 옷은 아닙니다. 생활도 간소하며 필요 없는 물건은 사지도 않습니다. 어느 날 친구가 그 여성에게 이렇게 물었습니다. "좀 더 고급스러운 옷을 입고 싶지 않아? 브랜드 가방을 사고 싶지 않아?"라고 말이지요. 그러자 그 여성은 이렇게 대답했습니다.

"서점에서 가격을 신경 쓰지 않고 내가 원하는 책을 살 수 있어. 나는 그것만으로 충분히 행복해."

참으로 멋진 여성입니다. 적어도 그 여성은 자신의 인생에서 무엇이 소중한지, 무엇이 필요한지 잘 알고 있습니다. 만 오천 원짜리 점심보다 책 한 권을 선택하는 것이 자신에게 유의미한 일임을 압니다. 즉, 자신의 인생을 또렷하게 보는 사람입니다.

물욕을 잘 컨트롤하는 것은 그 사람의 역량에 달려 있습니다. 그 사람의 삶의 방식에 달려 있습니다. 저는 그렇게 생각합니다.

물건을 수리하는 것은 마음을 회복하는 것

'인연因緣'이라는 말이 있습니다. 이 말은 주로 사람과 사람 사이를 말할 때 사용하지만, 저는 사람과 물건 사이에도 인연이 있다고 생각합니다. 지금 여러분 주변에 있는 물건. 그것이 직접 산 것이든 누군가에게 받은 것이든 인연이 있기에 여러분을 찾아온 것입니다.

이미 컴퓨터가 있는데 신상품이 나오면 즉시 새로 삽니다. 아직 삼 년밖에 타지 않은 자동차도 신차가 나오면 바꾸고 싶어집니다. 이런 습관이 들면 물건에 대한 애착이 사라집니다. 설령 망가지더라도 수리하면 다시 쓸 수 있는 물건이 많습니다. 인연이 있어서 자신에게 온 물건이니 조금 애착을 갖는 것이 중요합니다.

옛날부터 수행승은 매달 숫자 4나 9가 들어간 날에 목욕을 하고 머리를 깎는 습관이 있습니다. 지금은 매일 목욕하는 승당이 많지만, 원래는 4나 9가 들어간 날에만 했습니다. 그리고 이날 승려들은 자기 주변의 낡거나 고장이 난 물건을 수리합니다. 옷이 찢어졌으면 꿰매고, 빗자루가 망가졌으면 정성껏 고칩니다. 주변의 물건을 유심히 살펴보고 고장 난 것이 있으면 최대한 고쳐서 씁니다.

또 이미 쓰기 힘들 정도로 오래된 물건도 가급적 버리지 않습니다. 가령 맷돌은 오래 쓰면 닳아서 그 기능을 다하지 못합니다. 맷돌로서의 수명은 끝난 것이지요. 하지만 그런 맷돌도 버리지 않고 정원의 징검돌로 씁니다. 설령 맷돌로서의 수명은 다했어도 징검돌로서 새 생명을 불어넣는 것입니다. 이와 같이 물건을 소중히 다루고 모든 물건에 애착을 느끼면 승려들의 마음 또한 아름다워집니다. '물건을 소중히 여기는 것은 곧 생명을 소중히 여기는 것이다. 물건을 수리하는 것은 자신의 마음을 회복하는 것으로 이어진다.' 저희 승려들은 그렇게 생각합니다.

물론 모든 물건을 수리할 수는 없으며, 모든 물건에 '새 생명을 불어넣을' 필요도 없습니다. 그래도 어쩌면 아직 더 쓸 수 있을지 모른다고 생각하는 마음이 중요합니다. 금방 새것을 사지 않고 조금 더 쓸 수 있는 방법을 궁리해 봅니다. 이것이 인연이 있어 자신을 찾아와 준 물건에 대한 애정이 아닐까요?

여러분에게 학창 시절부터 사용하던 만년필이 있다고 생각해 봅시다. 펜촉을 여러 번 교환하면서 써 왔지만, 그래도 삼십 년쯤 지나면 결국 쓸 수 없습니다. 하지만 설령 쓸 수 없게 되어도 그 만년필을 쉽게 버리지 못합니다. 그것에 애착이 생겼기 때문입니다. 셀 수도 없을 만큼 많은 글자를 써 온 만년필. 나의 기쁨과 슬픔을 함께 해 온 만년필. 그 만년필은 바로 여러분이 걸어온 인생 자체입니다. 그리고 그 만년필에는 이미 여러분의 마음이 깃들어 있습니다. 물건에는 이런 측면도 있습니다. 사람은 누구나 이런 마음이 있습니다. 그 마음을 버려서는 안 됩니다. '인연이 있어서 내게 온 물건은 나의 인생과 어디에선가 일체화된다.' 이렇게 생각하면 신기하게도 물욕이 줄어듭니다. 이 또한 '지족'의 지표가 됩니다.

더하는 것보다
빼는 것이
더 중요하다

 왠지 하루하루 생활에서 충실감이 느껴지지 않는다. 즐거운 일도 없고 무엇을 해도 만족감을 얻을 수 없다. 일이 생각처럼 진행되지 않는다. 이런 상태가 되면 사람은 '부족한 것'을 찾기 시작합니다. '무언가 부족하니까 즐겁지 않은 거야. 새로운 무언가를 손에 넣으면 틀림없이 지금의 생활도 즐거워지겠지.' 이렇게 생각하며 지금의 상황을 바꾸기 위해 열심히 '부족한 것'을 찾아냅니다. 그리고 그것은 이윽고 욕망이 돼 모습을 드러냅니다. '새 옷을 사면 틀림없이 달라질 거야. 새 차만 손에 넣으면 즐거워지겠지.' 이와 같이 생활에 무엇인가를 '더할' 생각만 합니다. 하지만 무언가를 새로 더해도 마음은 절대 충족되지 않습니다. 손에 넣은 그 순간에는 만족감에 휩싸이지만, 그것은 곧 '이미 가진 것'이 됩니다. 새로운 것에 대한 감동은 순식간에 사라지고, 또다시 '부족한 것'을 찾습니다. 이것이 반복되면 점점 마음속에 집착이 싹트게 됩니다.

'부족한 것'을 좇지 말고 '필요 없는 것'을 버리십시오. 만약 지금의 상황을 바꾸고 싶다면 무엇인가를 '더하기'보다 '빼는' 것이 중요합니다. 선禪적 생활의 기본은 여기에 있습니다. 단순하게 산다는 것은 불필요한 소지품을 최대한 줄이는 생활입니다. 방을 깨끗이 정돈하고 깔끔한 공간에 몸을 두는 생활입니다. 그러면 신기하게도 마음의 짐까지 가벼워집니다. 여러분은 물物과 심心이 아무런 관계도 없다고 생각할지 모르지만 그렇지 않습니다. 이 둘은 서로에게 영향을 끼칩니다. 쓸데없는 물건이 늘어날수록 마음의 짐도 늘어납니다.

예를 들어 새 차를 샀다고 가정해 봅시다. 그런데 그 자동차는 여러분 생활에 꼭 필요한 것이 아닙니다. 오히려 평소에는 거의 탈 기회가 없습니다. 고작 주말에 근교로 드라이브를 가는 정도이거나 아니면 가까운 슈퍼마켓에 장을 보러 갈 때만 사용합니다. 하지만 자동차는 타든 안 타든 세금과 보험료 등 유지비가 들어갑니다. 하물며 신차는 혹시 누가 못된 장난이라도 치지 않을까 노심초사하게 됩니다. 밤이 되면 왠지 자동차가 걱정됩니다. 아침에 일어나면 자동차로 달려가 잘 있는지 확인해야 마음이 놓입니다. 손에 넣은 순간에는 기쁨으로 가득하지만, 시간이 지나면 걱정거리를 낳는 근원이 됩니다. 명백히 불필요한 심적 부담을 만드는 것입니다. 만약 자동차가 없다면 그런 불필요한 걱정은 하지 않아도 됩니다. 집 근처 슈퍼마켓은 자전거를 타고 가도 충분합니다. 그것이 건강에도 이롭습니다. 비가 오면 우산을 쓰면 되고, 추울 때는 코트를 입으면 됩니다. 자연을 몸으로 느끼며 걸으면 됩니다. 이렇게 행복을 위해 손에 넣었지만 사실 행복을 빼앗는 물건이 여러분에게는 없습니까? 물론 자동차가 정말 필요한 사람은 가지면 됩니다. 운전이 취미인 사람은 신차를 손에 넣음으로써 인생이 풍요로워집니다. 그것까지 부정하지는 않습니다. 다만 자신에게 필요한 것과 아닌 것을 엄격하게 구별하십시오. 그리고 불필요한 것은 버리십시오.

만약 지금 여러분 주위가 물건으로 넘친다면 무엇부터 버려야 할까요? 먼저 여러분 주위에 있는 물건을 세 가지로 나누십시오. 첫째는 자신에게 반드시 필요한 것입니다. 일에 꼭 필요하거나 자신의 인생에서 소중한 것이 여기에 들어갑니다. 둘째는 있으면 좋지만 없어도 상관없는 것입니다. 그리고 셋째는 명백히 불필요한 것입니다.

이 가운데 첫 번째 물건은 버릴 필요가 없습니다. 그리고 세 번째 물건은 본인도 명백히 불필요하다고 생각한 것이니 쉽게 버릴 수 있습니다. 세 번째에 포함된 물건은 앞으로도 절대 사지 않겠다고 결심하는 것이 중요합니다. 물건이 넘치는 사람을 보면 불필요한 물건을 자꾸 사들이는 경향이 있습니다.

문제는 두 번째 물건입니다. 있으면 좋지만 없어도 상관없는 것. 이것을 과감히 버리는 것이 중요합니다. 없어도 된다는 걸 알지만 자기도 모르게 이런저런 핑계를 대면서 버리려 하지 않습니다. '언젠가 쓸지도 몰라.', '언젠가 도움이 될지도 몰라.', '버리면 나중에 후회할지도 몰라.' 모두 핑계입니다. 이 '언젠가'라는 날이 올 확률은 1퍼센트밖에 안 됩니다. 또 만약 그 '언젠가'가 온다면 그때 다시 사도 됩니다. 과감하게 두 번째 물건을 버려 보십시오. 방 안이 깔끔해지면 마음이 가벼워집니다. 버리는 것은 무엇인가를 잃는 것이 아닙니다. 다른 무엇인가를 손에 넣는 것입니다. 바로 마음의 풍요입니다.

단 1분이라도 멍하니 보낸다

'검소'라는 말과 '간소'라는 말이 있습니다. 흔히 같은 의미로 사용되는 경향이 있는데, 이 둘은 의미가 다릅니다. '검소'는 말하자면 가치가 낮은 물건으로 생활하는 것입니다. 가급적 저렴한 것으로 때우고, 물건에 특별히 집착하지 않는 자세입니다. 예를 들면 비싼 물컵 대신 값싼 것을 다섯 개 삽니다. 값이 싸므로 깨지더라도 상관없다는 생각에서입니다. 이렇게 산 물건에는 애착이 생기지 않습니다. 하지만 '검소'하게 산다고 해서 불필요한 물건이 없는 것은 아닙니다. 설령 값이 싸더라도 물컵을 대여섯 개씩 사는 것은 어디까지나 낭비일 뿐입니다.

한편 '간소'는 필요한 물건만 엄선하는 생활입니다. 가령 물컵은 자주 사용하는 물건이므로 한 개라도 좋으니 자신의 마음에 드는 '좋은 것'을 삽니다. 대여섯 개씩은 필요 없습니다. 값비싼 것을 하나만 사고 그것을 소중히 쓰면서 삽니다. 방 안을 최대한 깔끔하게 하고 정말 필요한 것에만 돈을 쓰면서 생활합니다. 이것이 '간소한 생활'입니다.

식사도 마찬가지입니다. 식생활을 검소하게 해서는 안 됩니다. 식사는 몸과 마음을 만드는 기본입니다. 무조건 싸고 양이 많으면 된다. 배만 부르면 된다. 이런 식사는 '검소'하고 '조잡한' 식사입니다. '몸에 좋은 음식을 먹는다. 제철 음식을 먹고, 절대 과식하지 않는다.' 이런 마음가짐이 몸과 마음을 바로잡아 줍니다. 옛날부터 수행승의 식사는 국 하나 반찬 하나가 기본입니다. 이것은 '검소'한 식사가 아니라 '간소'한 식사입니다. 내 몸이 원하는 것만 먹고, 자연에 감사하면서 낭비 없이 먹습니다.

저는 이미 환갑을 맞이했습니다만 피부가 좋다는 칭찬을 자주 듣습니다. "주지 스님은 정말 피부가 비단결 같네요. 어떻게 해야 그렇게 뽀얀 피부를 만들 수 있나요?"라고 말입니다. 텔레비전에 출연할 때도 제작진이나 출연자들에게 같은 말을 자주 듣습니다. 저는 그 이유가 제 식생활에 있다고 생각합니다. 가족과 식사할 때는 아이들과 같은 음식을 먹습니다. 카레라이스도 아주 좋아합니다. 하지만 기본적으로는 채소 중심으로 먹습니다. 결코 배부르게 먹지 않습니다. 일본 각지나 외국에 가서도 그 지역에서 나는 '좋은 음식'을 살짝, 부족하다 싶을 만큼 먹습니다. 이것은 오랫동안 수행으로 몸에 익힌 습관입니다. 만약 여러분의 칭찬처럼 제 피부가 좋다면 그것은 저의 '간소한 생활' 덕분입니다.

여러분은 어떤 생활을 하는지 되돌아보십시오. 불필요한 것은 버리고 정말 필요한 것으로 생활하십시오. 단순하고 간소하게 생활하면 마음도 자연스럽게 풍요를 되찾습니다. 무엇인가를 '더한다.'는 의식을 버리고 무엇인가를 '뺀다.'는 의식으로 바꾸십시오. 이것은 결코 어려운 일이 아닙니다.

'그래도 내게는 어려운 일'이라고 생각하는 분도 있을지 모르겠습니다. '무엇인가를 버릴 수가 없다. 자꾸 뭔가 갖고 싶어진다. 나도 모르게 더할 것만 생각하게 된다.' 이런 분에게는 '방하착放下着'이라는 말을 선물하고 싶습니다. '일순간이라도 좋으니 모든 집착이 사라지는 시간을 갖는 것'. 이것이 '방하착'의 의미입니다. 때로는 생각이라는 행위를 멈추고 멍하니 있는 시간을 갖습니다. 무엇을 갖고 싶다는 생각도, 버려야 한다는 생각도, 무엇을 해야 한다는 생각도 잊는 순간. 그런 시간을 갖습니다. 가령 하늘을 올려다보십시오. 새파란 하늘에는 흰 구름이 떠 있습니다. 산들산들 뺨을 스치고 지나가는 바람이 느껴집니다. 그런 하늘을 바라보면 '아아, 아름답구나.'라고 마음속으로 느낍니다. 이 순간에는 모든 잡념이 사라집니다. 그저 하늘의 아름다움만이 마음속에 스며듭니다.

멍하니 하늘을 바라보는 시간. 혹은 홀로 핀 꽃 한 송이를 바라보는 시간. 설령 1분이어도 좋고 30초여도 상관없습니다. 모든 것을 잊고 아무것도 생각하지 않는 아주 짧은 시간. 바로 그런 시간이 중요합니다. 아무리 바쁜 나날을 보내도 그 정도의 시간은 누구에게나 있습니다. "멍하니 있는 건 시간 낭비야. 시간이 아까워."라고 말하는 사람이 종종 있는데, 그런 사람은 틀림없이 항상 잡념에 사로잡혀 있을 것입니다. '멍하니 있는' 시간 낭비가 얼마나 멋진 일인지 깨닫지 못하고 불필요한 일에 집착합니다. 이런 사람은 '간소'한 생활을 하지 못합니다. 머릿속에는 무언가를 '더한다.'는 발상만 가득합니다.

일상에 있는 공백 같은 시간. 그런 시간에 몸을 맡기면 버려야 할 것이 보이기 시작합니다. 저는 그렇게 생각합니다.

돈이 있으면
행복해질 수 있을까?

우리를 둘러싼 물욕과 욕망. 현대 사회에서 그 욕망의 근원을 거슬러 올라가면 돈으로 귀결됩니다. 무엇인가를 손에 넣고 싶다고 생각하면 여기에는 돈의 문제가 발생합니다. 회사에서 출세하고 싶다는 욕망도 결과적으로는 돈이 관여합니다. 자본주의 사회에 사는 한 우리는 돈으로부터 벗어날 수 없습니다.

물론 돈은 중요합니다. 우리 승려들도 현실적으로는 돈이 있어야 생활할 수 있습니다. 돈 같은 건 없어도 된다고 말하기는 쉽지만 그것은 현실적이지 못합니다. 역시 이 사회에서 살아가려면 돈이 필요합니다. 하지만 돈에만 집착해서는 안 됩니다. 저는 돈만 많이 벌면 된다는 생각이 결국 자신을 괴롭힌다고 생각합니다. 무엇보다 사람은 그저 돈을 위해서만 노력하는 존재가 아닙니다. 사명감이나 삶의 보람이 있을 때 최선을 다합니다.' 원래는 그렇습니다.

조금 극단적인 예를 소개하겠습니다. 베트남 전쟁 때 이야기입니다. 당시 미군은 베트남에서 목숨을 잃은 병사의 시신을 곧바로 본국으로 보내지 않고 일단 일본 요코하마의 네기시에 있는 미군 기지로 보냈습니다. 왜 그랬을까요? 전사한 병사들의 유해가 심하게 훼손됐기 때문입니다. 팔이나 다리가 떨어진 시신, 생전의 모습을 알아볼 수 없을 만큼 얼굴이 훼손된 시신, 개중에는 상반신과 하반신이 분리된 시신도 있었습니다. '이런 모습으로 가족에게 보낼 수는 없다.', '최대한 단정한 모습으로 만들어 보내고 싶다.' 이렇게 생각한 미군은 일본에서 복구 작업을 마친 시신을 본국으로 보냈습니다.

물론 복구 작업을 한 사람은 의사가 아니라 평범한 병사들이었습니다. 그들은 매일 열심히 시신을 복구했지만 새로운 시신이 끝없이 들어왔기 때문에 병사들만으로는 역부족이었습니다. 결국 미군은 일본인에게도 일을 맡겼습니다. 시체를 깨끗이 씻고 훼손된 부분을 꿰매면 일당 삼십만 원을 받을 수 있었습니다. 당시로는 상당한 금액이었습니다. 지금으로 치면 백만 원 이상 되는 가치로 생각해도 됩니다.

'조금만 참고 일하면 하루에 삼십만 원이라는 거금을 벌 수 있다.' 이런 생각에 매우 많은 일본인이 지원했습니다. 하지만 이 일을 이틀

이상 계속한 사람은 없었습니다. 아무리 돈을 많이 준다고 해도 일이 너무 가혹했기 때문입니다. 얼마나 가혹한지 조금만 상상해 봐도 알 수 있습니다. 그런데 생각해 보면 기지에 있는 병사들은 특별한 수당도 없이 이 가혹한 일을 매일 수행했습니다. 어떻게 그럴 수 있었을까요? 저는 한마디로 '사명감' 때문이라고 생각합니다. '전우들을 단정한 모습으로 보내고 싶다. 그것이 살아남은 자들에게 주어진 사명이다.' 이런 강렬한 사명감이 있었기에 그 가혹한 작업을 견딜 수 있었던 것입니다. 반면 사명감 없이 그저 돈이 목적인 사람들은 도저히 그 일을 견디지 못했습니다.

극단적인 일화지만 저는 여기에 일의 본질이 있다고 생각합니다. 어떤 일이든 힘들고 괴로운 시기는 반드시 있습니다. 이 세상에 즐겁기만 한 일은 없습니다. 괴로움에 부딪혔을 때 그것을 극복하는 원동력은 무엇일까요? 결코 돈이 아닙니다. 인간은 돈만 많이 벌 수 있으면 아무리 힘든 일도 극복할 수 있을 만큼 단순하지 않으며, 어리석지도 않습니다. 역시 가혹함을 이겨 내려면 그 일을 하면서 삶의 의미나 사명감을 느낄 수 있어야 합니다. 저는 이것이 인간의 본질이라고 생각합니다.

입만 열면 돈을 말하고 모든 것을 이익과 손해의 관점으로 생각하는 사람이 있습니다. '이 일을 하면 돈을 벌 수 있어. 저 사람과 친해지면 이익이 될 것 같아. 이 일은 돈이 되지 않으니까 대충 해도 되겠지.' 저는 이런 사고방식으로 사는 사람 치고 부자가 된 사람을 본 적이 없습니다. 만에 하나 돈에만 집착해 큰돈을 손에 넣어도 그 사람 인생에서 남는 것은 오직 돈뿐입니다. 삶의 방식이나 생각이 아니라 돈만 남습니다. 그리고 그 돈조차 남길 수 없게 된 순간, 주위 사람들이 썰물처럼 떠날 것입니다. 서글픈 인생이라는 생각이 들지 않습니까?

반대로 저희 절에 시주를 하는 분들 중에는 사회적으로 큰 성공을 거둔 분도 있습니다. 회사를 세워 성공한 분도 있고, 일류 기업에서 임원까지 오른 분도 있습니다. 그런 분들의 공통점은 일에 대한 열정이 보통 사람보다 강하다는 점입니다. 자신의 일에 강한 사명감을 갖고 사회를 위해 필사적으로 일합니다. *자신의 이익보다 타인의 이익을 먼저 생각하면서 일합니다. 그 결과 주위에서 그분들을 높이 올려 줍니다.* 돈만 보고 일하는 사람이 아니기 때문입니다. 앞의 미군 이야기를 예로 들면 사명감을 갖고 시신을 복구한 병사들, 눈물을 참으면서 시신과 마주한 병사들과 같은 사람일 것입니다.

돈이 주역이 된 사회입니다. 돈이 사람의 마음조차 뒤흔드는 시대입니다. 그렇기 때문에 우리는 한발 물러서서 돈이라는 존재를 바라봐야 합니다. 돈은 분명 중요한 존재입니다. 하지만 결코 돈이 주역이 돼서는 안 됩니다. *진짜 주역은 우리의 마음임을 잊지 말아야 합니다.*

행복은 '되는' 것이 아니라 '느끼는' 것

돈만 있으면 행복해질 수 있다. 세상에는 이런 환상이 만연합니다. 우리는 이것이 진실이 아님을 하루 빨리 깨달아야 합니다. 행복해진다는 것은 과연 무엇일까요? 저는 행복이란 '되는 것'이 아니라 '느끼는 것'이라고 생각합니다. 그 돈이 있으면 '행복해지는' 것이 아니라 그 돈이 있음으로써 '행복을 느낄' 수 있는 것입니다.

유복한 부부가 있습니다. 돈은 많지만 부부 사이가 원만하지 않습니다. 집에서는 대화도 나누지 않고, 서로에 대한 애정도 식은 지 오래입니다. 그래도 생일에는 마치 의무인 양 둘이 외식을 합니다. 일류 레스토랑에 가서 수십만 원 하는 코스 요리를 먹습니다. 식사 중에는 거의 대화를 하지 않습니다. 그저 묵묵히 식사를 할 뿐입니다. 억지로 이야기를 하려고 하면 금방 말싸움이 돼 분위기가 험악해집니다. 과연 이 부부는 행복을 느낄까요? 수십만 원 하는 코스 요리를 맛있다고 느낄까요?

저는 어느 잡지에 실린 독자의 경험담을 읽은 적이 있습니다. 매우 인상적인 이야기였기에 여러분께 소개합니다.

A씨 부부는 육십 대입니다. 둘 다 열심히 일하지만 결코 생활이 넉넉하지 않습니다. 항상 주머니 사정이 아슬아슬해서 월말이 되면 식비

를 줄여야 할 정도입니다. 그래도 부부는 서로 의지하면서 금실 좋게 살았습니다.

그런데 한번은 정말 드물게도 월말에 십만 원의 여윳돈이 생겼습니다. 마음대로 쓸 수 있는 돈이 십만 원이나 생기다니, 그렇게 기쁠 수가 없었습니다. A씨 부부는 그 십만 원으로 맛있는 음식을 사 먹기로 했습니다. 그동안 외식 같은 사치는 거의 꿈도 꾸지 못했으니 모처럼 생긴 돈으로 식사를 하기로 한 겁니다.

아내는 화장도 조금 하고, 부부가 함께 거리로 나섰습니다. '무엇을 먹을까? 어느 가게에 들어갈까? 평소에는 먹을 수 없는 것을 먹읍시다.' 부부는 즐겁게 이야기를 나누면서 많은 가게를 지나쳤습니다. 거리에는 먹음직스러운 음식을 파는 가게가 수없이 있었습니다. 돈이 십만 원이나 있으니 여러 가지를 먹을 수 있습니다. 하지만 막상 가게에 들어가려고 하니 왠지 돈이 아깝다는 생각이 들었습니다. 두 사람은 좀처럼 음식점을 고르지 못했습니다. 그리고 결국 선택한 곳이 라면집이었습니다. 부부는 라면과 군만두, 볶음밥 그리고 맥주 두 잔을 주문했습니다. 이렇게 먹고 낸 돈은 삼만 원이었습니다. 호화롭지 않지만 두 사람에게는 분에 넘치는 식사였습니다. "맛있었어.", "참 즐거웠어요."라고 이야기를 나누면서 부부는 역을 향해 걸었습니다.

그런데 역에 도착하니 그곳에는 아이 여러 명이 작은 상자를 들고

서 있었습니다. "교통사고로 고아가 된 아이에게 온정의 손길을 부탁드립니다." 작은 소녀가 열심히 외치고 있었습니다. 부부는 서로의 눈을 바라보고 조용히 고개를 끄덕였습니다. 그리고 남은 돈을 그 소녀의 상자 안에 넣었습니다.

  돌아오는 지하철 안에서 두 사람은 행복감에 휩싸였습니다. 남편이 말했습니다. "라면도 맛있었고 군만두도 맛있었어. 그렇지?" 아내는 즐거운 표정으로 고개를 끄덕였습니다.

  행복을 느낀다는 것은 바로 이런 것입니다. 돈은 분명 소중합니다. 하지만 돈이 행복의 전부는 아닙니다. 사람을 행복하게 하는 것은 사람의 따뜻한 마음입니다.

4장
질투하는 습관

'남은 남, 나는 나'라고
생각한다

인생에는 비교보다
중요한 일이 더 많다

　누군가를 질투하는 마음. 부러워하는 마음. 사람에게는 누구나 이런 마음 습관이 있습니다. 사회에는 다양한 사람이 있습니다. 사회적으로 성공한 사람이 있는가 하면 출세와는 거리가 먼 사람도 있습니다. 행복하게 웃는 사람이 있는가 하면 항상 표정이 침울한 사람도 있습니다. 그런 다양한 사람들 사이에서 우리는 자기도 모르게 자신을 타인과 비교합니다.

　질투라는 감정은 자신과 타인을 비교하는 데서 만들어집니다. 자신보다 위라고 느끼는 사람을 만나면 '좋겠다.', '부러워.'라는 질투심이 싹틉니다. 이것은 인간으로서 아주 자연스러운 감정입니다. '남은 남, 나는 나'라고 생각하는 것이 가장 좋지만, 말처럼 쉽지 않은 것도 사실입니다. 부러움이라는 감정을 전부 떨치기는 어렵습니다. 하지만 질투만 해서는 안 됩니다. 부러움이 긍정적인 힘으로 바뀐다면 좋은 일이지만, 그저 부러워만 한다면 마음만 우울해질 뿐입니다. 그런 생각은 여러분의 인생을 풍요롭게 만들지 못합니다. 혹시 질투라는 버릇이 고개를 쳐든다면 조금 물러서서 자신을 바라보는 것이 중요합니다.

예를 들어 이웃이 새 차를 샀다고 가정해 봅시다. 번쩍번쩍 광이 나는 신차입니다. 그에 비해 자신의 차는 벌써 십 년째 타는 중고차입니다. 주차장에 같이 세워 두면 많이 비교됩니다. 부러움이 마구 샘솟습니다. 그래서 무리를 해서라도 똑같은 차를 구입합니다. 혹은 이웃이 집을 수리하면 이에 질세라 자신의 집도 똑같이 수리합니다.

새 차는 자동차가 오래돼 움직이지 않을 때 사면 됩니다. 집수리는 집에 큰 문제가 생겼을 때 하면 됩니다. 한발 물러서서 그것이 정말 자신에게 필요한지 생각해 보면 얼마든지 다른 선택을 할 수 있습니다. 도대체 왜 이웃과 비교해야 하는 것일까요? 이웃과 경쟁하자고 서로 약속이라도 한 것일까요? 이웃을 이기면 누가 상이라도 주는 것일까요? 하물며 상대는 자신을 전혀 의식하지 않습니다. 자신이 멋대로 비교하고 질투할 뿐이지요.

비교 이야기가 나왔으니 드리는 말씀인데, 절대로 해서는 안 되는 비교가 있습니다. 바로 사람과 사람을 비교하는 것입니다. 이웃의 자동차와 자신의 자동차를 비교하는 정도라면 잘못이라고는 할 수 없지만, 물건을 비교하듯이 사람을 비교해서는 안 됩니다. '이웃집 아내는 미인이라 좋겠다. 몸매도 좋고 옷도 세련되게 입고. 그에 비하면 내 아내는…….' 이따금 이렇게 말하는 사람을 봅니다. 저는 이런 비교는 인간으로서 매우 저급한 행동이라고 생각합니다.

하물며 자신의 자녀를 다른 집 자녀와 비교하는 것은 절대 금물입니다. '누구네 아들은 무슨 운동이든 잘해서 좋겠다. 누구네 딸은 공부를 잘해서 부러워. 그에 비하면 우리 아이는…….' 이런 비교를 해서는 안 됩니다. 자녀들은 학교에 가면 좋든 싫든 비교 속에서 삽니다. 시험 성적은 물론 운동이나 공부 태도까지 모든 것을 비교당하며 삽니다. 그런 비교 때문에 상처를 받은 아이도 많습니다. 어떻게 생각하면 교육 현장에서는 어쩔 수 없는 일인지도 모릅니다. 그러므로 집에서만큼은 아이에게 '네가 최고다.'라고 말해야 합니다. "다른 아이는 어떻든 간에 내게는 네가 최고란다."라고 말해야 합니다. "누구는 공부를 잘해서 좋겠다." 부모에게 이런 말을 듣는 순간, 아이의 마음에는 '질투'하는 습관이 싹틉니다. 그리고 그 아이는 줄곧 누군가를 부러워하며 살게 됩니다. 이것은 절대 행복한 일이 아닙니다.

만약 아이들에게 점수를 매긴다면 저는 모든 아이가 95점이라고 생각합니다. 내 아이로 태어나 줬다. 남을 생각할 줄 아는 아이로 자라

쳤다. 그것만으로 충분합니다. 아이가 태어났을 때는 거의 모든 부모가 이렇게 생각합니다. '태어나 준 것만으로도 고맙다.'고 말이지요. 그 순간에는 100점 만점입니다. 그런데 아이가 성장함에 따라 점수가 내려가기 시작합니다. 자신의 아이와 남의 아이를 비교하기 때문입니다. 태어났을 때는 100점이었는데 초등학교에 올라갈 무렵에는 85점이 됩니다. 중학생이 되면 70점, 원하는 대학에 들어가지 못하면 50점으로 떨어집니다. 아이의 본질은 전혀 바뀌지 않았는데 부모가 매기는 점수는 계속 떨어집니다. 타인과의 비교가 점수를 빼앗는 것입니다.

100점 만점을 줬을 때의 기분을 떠올리십시오. 어떻게 되든 내 아이는 95점이라는 마음을 가지십시오. 왜 95점인가 하면 나머지 5점은 부모의 욕망이기 때문입니다. 95점인 자녀가 일류 대학에 들어가면 그 순간은 98점이 될 것입니다. 그러나 이번에는 그 대학 안에서 비교가 시작됩니다. 어디에 취직하느냐에 따라 동급생과 비교하게 됩니다. 잘하면 98점을 유지할 수도 있고, 아니면 다시 95점으로 돌아갑니다. 요컨대 나머지 5점은 영원히 채워지지 않는 점수입니다.

95퍼센트는 이미 만족이고 타인과 비교해서 더해지는 것은 5퍼센트 정도로 충분합니다. 배우자도 이렇게 생각하십시오. 자신이 사랑해서 결혼한 사람이므로 그것만으로 이미 95점입니다. 출세하거나 급여가 오름에 따라 나머지 5점이 오르거나 내려갈 뿐입니다. 마찬가지로 배우자가 미인인가 아닌가는 겨우 5퍼센트 정도의 가치에 불과합니다.

자기도 모르게 누군가와 비교하는 것은 어쩔 수 없는 일입니다. 사람은 상대적 동물입니다. 누군가와 비교함으로써 자신이 서 있는 위치를 알게 됩니다. 비교하기 때문에 각자의 역할을 분담할 수 있습니다. 비교 자체를 악으로 단언할 수 없습니다. 하지만 비교의 함정에 빠져서는 안 됩니다. 자신의 인생을 100이라고 할 때 타인과의 비교는 5 정도로 줄이십시오. 나머지 95는 타인과 비교할 필요도 없고, 또 비교조차 할 수 없는 부분입니다. '저 사람, 새 가방 샀네? 좋겠다. 부러워.' 이 질투가 여러분을 성장시켜 준다고 생각하십니까? 여러분 인생에서 중요한 무엇인가를 만들어 준다고 생각하십니까?

본래 내 모습을 찾는다

선禪에는 '주인공主人公'이라는 말이 있습니다. 이것은 드라마나 소설 등에서 사용하는 '주인공'과는 의미가 조금 다릅니다. 사람은 누구나 자신의 내부에 '부처님'을 지니고 태어난다고 합니다. 이 '부처님'은 '본래의 자신'을 의미합니다. 본래 그래야 할 자신의 모습, 진정한 자신 말입니다. 사람은 이 '본래의 자신'을 만나고자 수행을 합니다. 인생은 수행 그 자체입니다. 그리고 이 본래의 자신과 만날 때 비로소 자신만의 인생을 살 수 있습니다.

그런데 많은 사람이 그 '본래의 자신'을 만나지 못합니다. 자신이라는 존재를 알지 못합니다. 무엇이 진정한 자신인지 모릅니다. 요컨대 인생의 '주인공'으로서 살지 못합니다. 왜 '본래의 자신'을 만나지 못할까요? 그 이유는 주위와 비교하기 때문입니다. 자신이라는 존재를 축으로 삼는 것이 아니라 항상 타인과 비교하며 즐거워하거나 슬퍼합니다. 자신의 상태에 만족하면서도 자기도 모르게 곁눈질하다 질투의 감정이 싹틉니다. 그러는 사이에 본래의 자신을 잊고 타인과의 비교를 통해서만 자신의 존재를 느낍니다. '본래의 나는 어떻게 살고 싶은가?', '나는 어떤 생각을 하는가?' 등 자신의 모습과 마음이 구름 속으로 숨듯이 희미해집니다. 그리고 정신을 차려 보면 항상 타인만 신경 쓰면서 살아갑니다. 이것은 뿌리 깊은 고뇌로 이어집니다.

본래의 자신이란 무엇일까요? 본래의 모습은 어디에 있을까요? 사실 모두가 본래의 자신과 만나는 시기가 있습니다. 바로 유년기입니다. 어린아이의 마음속에는 타인과의 비교라는 것이 없습니다. 물론 친구와 놀면서 '누구는 달리기가 빠르구나, 누구는 나보다 몸집이 크고 힘이 세구나' 하고 느낄 때는 있습니다. 하지만 이것은 친구와 자신을 비교하는 것이 아닙니다. 순수하게 서로의 개성을 인정하는 것일 뿐입니다. 부러워하지도 않고, 그런 일로 비굴해지지도 않습니다.

그런데 어른들은 그 모습을 보고 비교를 합니다. 아이들끼리는 서로를 비교하지 않는데 어른들은 멋대로 아이들을 비교합니다. 그러면 아이들에게도 어른의 이기적인 가치관이 심어지고, 어느덧 서로를 비교하게 됩니다. 비교에 익숙해짐에 따라 전에는 잘 보이던 자신의 본래 모습이 점점 보이지 않게 됩니다. 그 결과 인생의 주인공이 아니라 마치 타인의 인생을 자신의 인생에 덧씌운 듯한 삶을 살게 됩니다.

자신의 본래 모습이 보이지 않는다. 자신을 잃어버린 듯한 느낌이 든다. 만약 이런 느낌이 든다면 어릴 적 자신을 떠올리십시오. 무엇을 좋아했는지, 무엇을 할 때 가장 즐거웠는지, 장래에 무엇이 되고 싶었는지 떠올리십시오. 꿈과 희망, 동경으로 가득한 어린 시절의 순수한 마음을 떠올리십시오. 그때는 아무런 계산도 없는 자신이 있었습니다. 그런 어린 자신을 떠올리는 것입니다. 잠자리에 누워 잠이 들 때까지 몇 분 동안 본래의 자신을 찾으러 떠나 보십시오. 상식을 벗어난 생각도 상관없습니다. 현실적이지 못한 꿈을 떠올리는 것도 좋습니다. 자신이 지니고 태어난 '부처님'의 모습을 찾아보십시오. 사람은 어린 시절의 자신과 만날 때 타인과의 비교를 멈춥니다. 과거의 자신은 남과 비교할 방법도 없습니다. 자신을 타인과 비교하지 않고 부러워하거나 질투하지 않는 '부처님', 누구나 지니고 태어나는 그 '부처님'을 떠올리는 짧은 시간을 가져 보십시오.

행복의 기준은
저마다 다르다

세상을 이원적으로 생각하지 않는다. 세상을 흑과 백으로 나누지 않는다. 이것이 선의 기본적인 사고방식입니다. 사람은 자기도 모르게 모든 것을 대립적으로 파악하는 경향이 있습니다. 좋은가 나쁜가. 아름다운가 추한가. 풍요로운가 가난한가. 무엇이든 이것 아니면 저것으로 규정합니다. 그리고 자신이 어느 쪽에 있는지 신경 씁니다. 좋은 쪽에 속하면 안심하고, 나쁜 쪽에 속하면 좋은 쪽에 속한 사람을 질투합니다. 즉, 질투는 이런 이원적인 사고방식에서 만들어지는 것입니다.

가령 행복에 대해서도 마찬가지입니다. 자신이 행복한지 불행한지 금방 규정합니다. 나는 적어도 저 사람보다 행복하다고 생각하며 안심하거나 저 사람에 비하면 나는 왜 이렇게 불행한가 하며 탄식합니다. 그런 습관이 있는 분들에게 묻고 싶습니다. 그렇다면 그 행복을 결정하는 근거는 무엇입니까? 왜 여러분이 그 사람보다 불행하다고 생각하십니까? 이렇게 물으면 틀림없이 다양한 대답이 돌아올 것입니다. '저 사람은 나보다 돈이 더 많다, 저 사람은 나보다 좋은 집에서 산다, 저 사람은 나보다 사회적으로 성공했다, 저 사람은 나보다 미인이다 등…….' 이와 같이 행복을 비교하는 요소는 얼마든지 있습니다. 그러면 다시 한번 묻겠습니다. 돈이 많으면 무조건 행복해질 수 있을까요? 좋은 집에서 살면 모든 것이 만족스러울까요? 미모가 뛰어난 사람의 인생은 늘 찬란하게 빛날까요? 이 모든 것이 여러분이 멋대로 품은 환상은 아닐까요?

분명 돈이 많으면 행복을 느낄 수 있습니다. 무엇이든 고민하지 않고 살 수 있다는 행복도 있습니다. 하지만 그런 행복은 한순간에 불과합니다. 반대로 돈이 조금밖에 없어도 다른 부분에서 느낄 수 있는 행복은 얼마든지 있습니다. 이것은 단순하게 비교할 수 있는 것이 아닙니다. 가령 지갑에 오십만 원이 있다고 생각해 봅시다. 마음대로 써도 되는 돈입니다. 점심을 호화롭게 먹을 수도 있습니다. 오만 원짜리 점심도 나쁘지 않습니다. 점심을 먹고도 돈이 충분히 남으므로 퇴근길에 술을 한잔할 수 있습니다. 그러면 이번에는 지갑에 삼만 원밖에 없다고 생각해 봅시다. 점심은 회사 근처의 식당에서 오천 원짜리 백반을 먹습니다. 오천 원짜리 백반도 충분히 맛있습니다. 일을 마치면 가족이 기다리는 집으로 곧장 돌아갑니다. 돈이 없으므로 지하철역 근처 서점에서 새로 나온 책을 잠깐 훑어보고 집으로 돌아갑니다.

두 사람 중 누가 더 행복할까요? 오만 원짜리 점심을 먹은 사람일까요. 퇴근 후 다른 데 들르지 않고 집으로 곧장 돌아가는 사람일까요. 답은 간단합니다. 별반 차이가 없다는 것입니다.

세상에는 분명 이원적으로 비교할 수 있는 것이 많습니다. 급여가 높은가 낮은가. 출세가 빠른가 느린가. 결혼을 했는가 하지 않았는가. 집이 큰가 작은가. 미인인가 아닌가. 친구가 많은가 적은가. 비교하려고 하면 모든 것을 비교할 수 있습니다. 그 재료는 끝이 없습니다. 하지만 이런 비교 대부분은 사실 어느 쪽이든 상관없는 것입니다. 돈이 많아도 그만, 적어도 그만입니다. 특히 현재 일본에 산다면 돈이 없다고 해서 죽을 일은 없습니다. 정말 가난한 나라를 생각하면 참으로 축복받은 환경입니다. 그런 축복받은 사회에서는 돈이 많든 적든 별로 큰 차이가 없습니다. 동기보다 출세가 삼 년 늦은 것이 과연 인생에 얼마나 큰 영향을 미칠까요? 오 년이 늦는다 해도 본래의 행복감은 그다지 달라지지 않습니다. 미인이든 평범하든 별 차이는 없기 마련입니다.

사람들이 하는 비교는 본래 아무래도 상관없는 문제에 대해 굳이 좋고 나쁨을 정하는 것입니다. 자신이 멋대로 좋고 나쁨을 정합니다.

그런 사람이 참으로 많습니다.

다만 그렇다 해도 현대 사회에서 사는 한 타인과의 비교에서 완전히 해방되기는 어렵습니다. 자신은 비교하지 않지만 외부에서 비교당할 때도 있습니다. 비교를 좋아하는 사회에서 사는 이상 자신도 그 물결에 휩쓸릴 수 있습니다. 그 때문에 불필요한 괴로움을 맛볼 때도 있습니다. 그렇다면 '내게는 어느 쪽이어도 괜찮은' 것을 찾아보십시오. 중요한 것은 타인과 비교해도 상관없습니다. 하지만 자신에게 그다지 중요하지 않은 것은 어느 쪽이든 상관없다고 생각하는 것입니다. 세상에는 출세에 집착하는 사람도 있고, 그런 것은 아무래도 좋다고 생각하는 사람도 있습니다. 그것으로 충분합니다. 모든 사람이 똑같은 것에 집착할 필요는 없습니다. 자신이 '어느 쪽이든 괜찮다.'고 생각하는 것만큼은 타인과 비교하지 말고 사십시오. 그것이 곧 자신이 '주인공'이 되어 사는 길입니다.

누가 뭐래도 내 길을 간다

이 세상은 질투로 가득합니다. 아무래도 상관없는 것을 두고 타인을 부러워합니다. 자기 멋대로 서열을 정하고는 불필요한 질투심으로 괴로워합니다. 질투하는 사람이 있다는 말은 곧 질투를 당하는 사람도 있다는 뜻입니다. 자신이 질투할 때가 있는가 하면 질투를 당할 때도 있지요. 질투심은 동전의 양면과도 같습니다.

저는 주지라는 자리에 있으면서 '선 사상을 바탕으로 한 정원' 디자인도 하고 있습니다. 처음에는 취미였지만, 인연이 닿다 보니 의뢰가 늘어났습니다. 최근 수년 동안에는 외국에서의 의뢰도 늘고 디자이너로서 인정도 받았습니다. 이것은 제가 그렇게 되고 싶어서가 아니라 의뢰 하나하나를 인연으로 생각하고 열심히 정원을 만들어 온 결과입니다. 그러다 보니 저도 모르는 사이에 '선 사상을 바탕으로 한 정원' 디자이너로 이름을 알린 것입니다.

또 이와 동시에 이런 책을 쓸 수 있는 기회도 늘었습니다. 제가 출판사를 찾아가서 책을 쓰게 해 달라고 부탁한 것이 아닙니다. 책을 한번 써 보지 않겠냐면서 출판사에서 저를 찾아왔습니다. 저는 제가 그럴 깜냥이 될까 걱정하면서도 모처럼 얻은 인연을 감사히 여기며 열심히 글을 썼을 뿐입니다. 그 결과 서점에 제가 쓴 책들이 진열되기에 이르렀습니다. 제 천직은 어디까지나 주지이므로 정원 디자인이나 책을 쓰는 일에 집착할 생각은 전혀 없습니다. 하지만 이런 제 상황을 질투하는 승려도 있는 모양입니다.

승려 모임 등에서 제 책에 관한 이야기를 일체 꺼내지 않는 사람이 있습니다. 제가 책을 쓴다는 사실은 모두 알고 있습니다. 하지만 알면서도 의도적으로 언급을 회피합니다. 물론 제가 먼저 책이나 정원 디자인을 얘기하는 일도 없습니다. 그런 사람은 틀림없이 제가 주지라는 직책 이외에 다른 활동을 하는 것이 못마땅할 것입니다. 서로 웃으면서 이야기하지만, 저와 그 사람 사이에는 어떤 '골' 같은 것이 있음을 느낍니다.

한편으로는 저를 만날 때마다 제가 쓴 책을 칭찬하는 분도 있습니다. "쓰신 책을 얼마 전에 읽었는데, 참으로 훌륭한 내용이어서 절에 도움을 주시는 분들에게 추천했습니다." 만면에 웃음을 띠며 이렇게 말합니다. 제 책을 읽었다는 이야기를 들으면 저도 솔직히 기분이 좋습니다. 그래서 "칭찬해 주셔서 고맙습니다. 인연이 닿다 보니 책을 쓰게 되었네요."라고 답례합니다. 그 순간 저와 그 사람 사이에는 따뜻한 신뢰 같은 것이 싹틉니다. 제가 쓴 책을 칭찬한 그분은 틀림없이 자신에 대한 자신감과 여유가 있을 것입니다. 여유와 자신감 그리고 인생에 대한 신념이 있으면 타인을 질투할 필요가 없기 때문입니다.

이 세상에 만연하는 질투를 완전히 없앨 수는 없습니다. 하지만 그것을 누그러트리는 것은 충분히 가능합니다. 가령 회사 동기가 승진한 경우, 부럽다는 마음이 일어도 진심으로 기뻐해 주십시오. "축하해. 정말 잘됐다. 나도 좀 더 노력하겠어." 웃으면서 축복해 줍니다. 겉과 속이 같은 순수한 마음으로 축복합니다. 그러면 그 말이 주위 분위기를 따뜻하게 만듭니다. 질투를 당하는 쪽이 됐을 때는 결코 오만하게 행동해서는 안 됩니다. 자신을 과시하지 말고 상대를 배려하는 마음을 지녀야 합니다. 다만 상대를 배려한다고 모호하게 "아니 뭐, 운이 좋았을 뿐이야."라고 말하기보다는 "고마워. 앞으로 우리 같이 노력하자."고 말하는 편이 좋습니다. 서로가 이런 마음이라면 질투의 감정은 틀림없이 누그러질 것입니다. 나아가 질투라는 감정을 좋은 방향으로 바꿀 수 있습니다.

'어느 쪽이라도 괜찮아.'라는 마음은 '아무래도 좋아.'라는 자포자기의 감정이 아닙니다. '어느 쪽이 되든 나는 나야.', '어떤 결과가 나오든 내 인생의 길은 바뀌지 않아.' 이렇게 믿는 마음입니다. 어느 쪽이 되든 행복을 찾아낼 수 있습니다. 세상일은 좋고 나쁨으로만 나눌 수 있는 것이 아닙니다. 그 중간에 수많은 행복이 숨어 있습니다. 바로 여기에 주목해야 합니다.

세상을 보는 눈은
시간이 지나면
변한다

　자신을 타인과 비교하는 습관. 사람은 누구나 마음속에 이런 습관이 있습니다. 혹은 자신은 비교하지 않지만 사회가 멋대로 비교하고 평가할 때도 있습니다. 우리가 다른 사람들과 어울려 살아가는 한 이런 비교로부터 벗어날 수 없는 것 또한 사실입니다.

　예를 들면 학력이 비교거리가 될 때가 많습니다. 특히 취직을 할 때는 학력이 채용 여부를 크게 좌우하는 것이 현실입니다. 일류 대학을 나오면 여기저기서 모셔 가려고 하지만 삼류 대학을 나온 사람에게 취업은 높은 벽으로 다가옵니다. 자신은 회사에 공헌할 수 있다는 자신감이 있지만 그런 패기는 별다른 평가를 받지 못합니다. 그래서 자기도 모르게 불평을 늘어놓습니다. "쟤는 일류 대학을 나와서 좋겠다. 아무 회사나 골라잡을 수 있으니."라고 말입니다. 하지만 이것은 잘못된 생각입니다. 그렇게 말하는 사람들에게 '당신은 왜 일류 대학에 가지 않았나요?'라고 물으면 이렇게 답합니다. "나는 머리가 나빠서……."라고요. 그렇지 않습니다. 인간의 뇌는 그다지 차이가 없습니다. 극소수의 천재를 제외하면 대부분 능력이 비슷합니다. 능력에 별 차이가 없다면 일류 대학에 들어간 사람은 어떤 사람일까요? 답은 간단합니다. 다른 사람들보다 더 많이 노력한 사람입니다.

일본의 최고 학부로 손꼽히는 도쿄 대학교에 합격한 학생은 아마도 초등학교에 다닐 때부터 하루에 몇 시간씩 공부했을 겁니다. 친구들이 밖에서 야구를 할 때도 놀고 싶은 마음을 꾹 참고 공부했을 것입니다. 그리고 중학생이나 고등학생이 된 뒤에도 청춘을 즐기고 싶은 마음을 억누르고 열심히 입시 공부에 몰두했을 것입니다. 이것이 옳은지 그른지에 대한 문제는 뒤로 하고, 어쨌든 노력을 거듭한 결과 합격한 것입니다. 그런 노력도 하지 않았으면서 누군가의 학력을 질투하는 것은 잘못입니다. 자신이 노력을 게을리한 결과이기 때문입니다.

기업은 왜 일류 대학 출신을 원할까요? 아마 이해력과 튼실한 기초를 높게 평가할 것입니다. 하지만 저는 그 이상으로 기업이 그들의 노력을 높게 평가한다고 생각합니다. 그들은 놀고 싶다는 욕구를 꾹 참고 공부했습니다. 더 자고 싶은 마음을 뿌리치고 자신이 정한 시간에 일어났습니다. 그런 강한 마음가짐이 업무에 도움이 되리라 생각하는 것입니다. 누군가를 질투하기는 쉽습니다. 하지만 아무리 질투하고 불평해도 달라지는 것은 하나도 없습니다. 그렇다면 지금 이 순간부터라도 자신이 원하는 모습이 되도록 노력하십시오.

용모도 마찬가지입니다. '저 여자는 미인이라 좋겠다. 몸매도 좋아서 모두에게 사랑받지. 정말 부러워.' 그 사람과 자신을 비교하며 스스로를 비하하기에 바쁩니다. 하지만 생각해 보십시오. 그 여성은 왜 모두에게 사랑받을까요? 단순히 미인이기 때문일까요? 그렇지 않습니다. 애초에 미인에 대한 정의는 없습니다. 사람은 저마다 미에 대한 기준이 다르므로 백 명이면 백 명 모두 아름답다고 생각하는 여성은 존재하지 않습니다. 요컨대 그 여성이 주위의 사랑을 받는 이유는 그녀가 노력했기 때문입니다. 항상 웃음을 잃지 않고 말씨도 신경을 씁니다. 몸매가 좋은 것은 틀림없이 군것질을 하고 싶어도 꾹 참은 덕분일 것입니다. 무엇보다 사람의 아름다움이나 호감은 그 사람의 표정에서 만들어지는 법입니다. 아무리 이목구비가 반듯해도 표정이 없다면 단순한 철 가면과 마찬가지입니다.

선어 중에 '애어愛語'라는 말이 있습니다. 이것은 도겐 선사가 쓴 『정법안장正法眼藏』에 나오는 말로 "만나는 사람에 대해 항상 배려하는 마음을 갖고 고운 말을 쓰는 것. 이것을 명심하면서 사람을 대하시오."라는 가르침입니다. 주위 사람들에게 사랑받는 사람은 남녀를 불문하고 이 '애어'를 실천합니다. 이것은 마음을 다잡고 조금만 노력하면 누구나 할 수 있습니다. 누군가를 질투하기 전에 먼저 자신이 사랑받을 수 있는 행동을 하는 것이 중요합니다. 질투할 여유가 있다면 먼저 노력하십시오. 자신이 지향하는 모습을 향해 걸어가십시오. 그 첫발을 내디디면 신기하게도 질투하는 마음이 누그러집니다.

학력에 관해 소개하고 싶은 이야기가 있습니다. 제 지인 중에 대기업 관리직으로 일하는 사람이 있습니다. 일류 기업인 그곳에는 학력이 높은 인재들이 모여 있을 겁니다. 하지만 그분은 그 실태를 이렇게 이야기했습니다. "분명 입사 시험 때는 도쿄 대학교라는 브랜드가 100퍼센트 통용됩니다. 신입 사원 중에서도 도쿄 대학교 출신이라고 하면 보는 시선이 달라지는 것도 사실입니다. 하지만 오 년만 지나면 그 브랜드 파워는 반 토막이 납니다. 그리고 십 년이 지나면 어느 대학을 나왔는지 아무도 상관하지 않습니다. 한마디로 일을 잘하는 사람이 높게 평가받습니다. 회사는 직원이 좋은 대학을 나왔다는 이유만으로 계속 높게 평가할 만큼 만만한 곳이 아닙니다. 출발 시점에는 다소 혜택이 주어지지만, 결국 열심히 일하는 사람이 높게 평가받습니다."

저는 비교나 평가라는 것이 이런 것이라고 생각합니다. 하나의 가치

기준이 영원히 유지되는 일은 없습니다. 그런 기준은 시간이 지나면서 혹은 본인의 의식과 함께 바뀌기 마련입니다. 지금의 평가만으로 자신을 무시해서는 안 됩니다. 지금 느끼는 열등감조차 시간이 해결해 줄 때가 있습니다.

가령 남성 중에는 작은 키에 열등감을 느끼는 사람이 있습니다. 분명히 십 대나 이십 대에는 키가 큰 사람이 매력적으로 보입니다. 이성에게 호감을 얻기 쉬울지 모릅니다. 잘생긴 얼굴도 젊었을 때는 커다란 이점이 됩니다. 키가 크고 잘생긴 남성은 주위 사람들에게 부러움을 사기 마련입니다. 하지만 자신이 그렇지 않다고 해서 "키가 더 컸으면 좋겠어.", "왜 나는 이런 얼굴로 태어났을까?"라고 불평한들 소용없습니다. 사람은 각자 타고난 용모가 있습니다. 어쩔 수 없는 운명 같은 것입니다. 그런 것으로 비뚤어질 여유가 있다면 그 시간에 자신을 좀 더 갈고닦으십시오.

작은 키에 열등감을 느끼는 시기는 대체로 서른 살 정도까지입니다. 서른 살이 넘으면 자신도 모르는 사이에 이런 열등감이 사라집니다. 물론 키가 커져서는 아닙니다. 키가 크든 작든 살아가는 데 아무런 상관이 없음을 깨닫기 때문입니다. 용모도 마찬가지입니다. 열심히 일에 몰두하고 노력을 쌓은 사람은 빛이 나기 마련입니다. 아름다움은 얼굴 생김새나 몸매가 아니라 내면에서 배어 나오기 때문입니다. 그리고 서른이 지나 마흔이 되면 내면의 충실감이 표면에 나타납니다. 미래의 자신이 빛나도록 지금 이 순간을 열심히 사십시오. 그런 마음가짐이 있다면 불필요한 질투는 상당히 줄어들 것입니다.

매일 아침 거울 속 나에게 묻는다

'수급불류월水急不流月'이라는 말이 있습니다. '아무리 물의 흐름이 급해도 그 수면에 비친 달은 흐르지 않는다.'라는 의미입니다. 여기에서 말하는 물의 흐름은 사회에서 일어나는 사건이나 타인의 언동에 해당합니다. 그리고 달은 자신의 마음을 나타냅니다. 즉, 아무리 세상의 풍파가 사나워도, 타인이 무슨 말을 해도 자신의 본래 마음은 움직이지 않아야 한다는 가르침입니다.

정보화가 빠르게 진행되면서 매일 다량의 정보가 들어옵니다. 인터넷과 텔레비전 등은 사회에서 활약하는 사람들 모습을 생생하게 보여 줍니다. 결혼하고 자녀를 키우면서 회사를 경영하는 여성이 나옵니다. 대학을 졸업하자마자 회사를 세워 성공을 거둔 젊은이가 소개됩니다. 평론가들은 여성도 일을 해야 한다, 젊은이는 창업 정신을 가져야 한다고 소리 높여 외칩니다.

하지만 사람에게는 저마다 적성이 있습니다. 잘하는 일과 못하는 일이 있고, 좋아하는 것과 싫어하는 것도 있습니다. 결혼하면 일 대신 가정에서 육아에 전념하고 싶어 하는 여성도 있습니다. 창업보다는 기존의 조직에서 역량을 발휘하고 싶어 하는 젊은이도 있습니다. 모두 똑같은 방향을 향해 걷는 일은 없으며, 또 그럴 수도 없습니다. 어떻게 일할 것인지, 어떤 생활을 할 것인지, 어떤 인생을 걷고 싶은지 등 이런 것은 자신의 마음에 물어야 합니다. 정보에 현혹되지 말고 본래의 자신과 마주하는 것이 무엇보다 중요합니다.

"남은 남, 나는 나." 자신에게 이렇게 말하십시오. 물론 사회나 타인을 무시하고 살 수 없습니다. 좋든 싫든 정보는 끊임없이 눈과 귀로 들어옵니다. 사회라는 물의 흐름과 어울려 사는 한 정보에서 벗어날 수 없습니다. 그럴 때는 물의 흐름을 슬쩍 곁눈질하는 정도로 충분합니다. '아아, 사회는 이렇게 흐르고 있구나. 아아, 주위 사람들은 이런 식으로 생각하고 있구나.' 하지만 여러분 자신이 휩쓸리지 않도록 하십시오. 그리고 이렇게 생각하십시오. '나는 나'라고 말입니다.

매일 아침 세면대 앞에서 거울 속 자신에게 물으십시오. "너는 지금 그대로 만족하니?", "이것이 네가 하고 싶은 일이야?", "네 본심은 어디에 있니?"라고 말이지요. 잠깐이라도 좋으니 자신의 마음에 물어보십시오. 명확한 대답이 나오면 좋고, 나오지 않아도 상관없습니다. 항상 자신의 마음과 대화하는 것이 중요합니다. 단 1분이라도 그런 시간을 가지면 자신과 타인을 비교하는 습관이 조금은 없어집니다.

　인생의 해답은 회사에 있지 않습니다. 타인의 말에 있지도 않습니다. 그것은 거울에 비친 여러분 자신 내부에 있습니다.

5장
짜증내는 습관

마음을 정돈하면
불필요한 짜증이
나지 않는다

말과 행동 그리고
생각을 정돈한다

요즘 들어 만원 지하철을 타면 초조해하고 짜증을 내는 사람이 매우 많다는 느낌을 받습니다. 문이 열리자마자 경주라도 하듯 차 안으로 먼저 달려드는 사람, 어깨가 살짝 닿았을 뿐인데 혀를 차며 노려보는 사람 등 지하철 안 분위기가 살벌합니다. 아무리 봐도 환갑이 넘은 듯한 사람이 주위에 따뜻한 시선을 보내기는커녕 짜증을 터트립니다. 제가 어렸을 때만 해도 환갑을 넘긴 어르신은 참 온화했습니다. 쉰 살이 넘으면 마음이 차분해지고 주위를 배려하는 마음이 생겼습니다. 그래서 저는 짜증내지 않고 온화해지는 것이 곧 나이를 먹는 것이라고 생각했습니다.

아무래도 요즘 시대는 나이에 상관없이 짜증이 만연하는 모양입니다. 스트레스 사회가 만들어 낸 마음의 병일까요? 짜증의 원인은 여러 가지입니다. 업무가 원활하게 진행되지 않는다, 인간관계가 원만하지 못하다, 가족과 사이가 나쁘다, 인생이 자신의 생각과 다른 방향으로 나아가고 있다 등……. 짜증의 씨앗은 곳곳에 있습니다. 그런 원인들로부터 완전히 해방되기는 아마도 불가능할 것입니다.

모든 업무가 일사천리로 진행되지는 않습니다. 모든 사람과 원만한 관계를 맺을 수는 없습니다. 가족이라고 해도 역시 서로에게 불만은 있기 마련이며 자신의 뜻대로 움직이게 할 수 없습니다. 요컨대 이런 것에 일일이 짜증을 내도 문제는 해결되지 않는다는 겁니다. 짜증을 내서 일이 잘 풀린다면 얼마나 좋을까요? 하지만 현실은 정반대입니다. 짜증을 낼수록 일은 꼬이기만 합니다. 안정되지 않은 마음으로 하는 일이 원활하게 진행될 리 있겠습니까? 또 서로 속으로 짜증을 내면서 상대를 대하면 인간관계가 악화될 것은 불을 보듯 뻔합니다. 한마디로 짜증은 백해무익한 감정인 것이지요.

마음을 정돈하는 것이 중요합니다. 자신의 마음이 정돈돼 있으면 불필요한 짜증이 시원하게 사라집니다. 지하철 안에서 타인과 어깨가 조금 닿아도 신경 쓰지 않게 됩니다. 그러면 출퇴근 스트레스가 가벼워집니다. 마음을 정돈하면 결국 자신이 살기가 편해집니다.

어떻게 하면 마음을 정돈할 수 있을까요? 불교의 가르침 중에 '삼업

三業'이 있습니다. '삼업'은 '신업身業', '구업口業', '의업意業' 세 가지를 의미합니다. 이 가운데 먼저 정돈해야 하는 것은 '신업'입니다. 이것은 행동거지입니다. 사람의 마음가짐은 행동의 영향을 크게 받습니다. 조급한 행동이 초조함을 만들어 냅니다. 마음을 정돈하고 싶다면 먼저 자신의 행동거지를 아름답게 만드십시오. 출근길에는 느긋한 걸음으로 걸어 여유 있게 버스나 지하철을 탑니다. 먼저 타려고 억지로 비집고 들어오는 사람이 있으면 양보해 주십시오. 그 사람을 위해서가 아니라 여러분 자신을 위해서입니다. 종종걸음으로 서둘러도 회사에 도착하는 시간은 별 차이가 없습니다. 지하철을 한 대 놓치더라도 10분 정도 차이가 날 뿐입니다. 차라리 항상 지하철 한 대는 보낸다는 마음가짐으로 집을 나오십시오.

다음으로 마음을 정돈하기 위해 중요한 것은 '구업'입니다. 이것은 말씨를 뜻합니다. 마음이 초조하면 말에 가시가 돋칩니다. 자기도 모르게 말투가 거칠어집니다. 말에는 혼이 깃들어 있으므로 이쪽이 가시 돋친 말을 하면 상대도 그 가시를 민감하게 감지합니다. 그리고 서로 가시 돋친 말을 주고받다 보면 나중에는 가시가 커다란 칼날이 돼 서로의 마음에 상처를 입힙니다. 그러면 인간관계는 당연히 껄끄러워집니다. 그렇다고 해서 아양을 떨라는 말은 아닙니다. 먼저 아름다운 말을 골라서 부드러운 목소리로 말하십시오. 상대가 눈앞에 있는데 목청을 높일 필요는 없습니다. 서로 듣기 좋은 목소리로 이야기하며 이와 더불어 부드러운 표정을 지으십시오. 말로 기분을 조절하는 것입니다. 상대의 신경을 거스르는 말은 삼가십시오. '대화'는 이런 것입니다.

예를 들어 럭비 경기를 보면 심판이 참으로 온화하고 정중하게 말합니다. 선수들은 감정이 고양돼 때로 멱살잡이를 할 것 같은 분위기를 만들기도 합니다. 몸과 몸이 직접 부딪히는 경기이다 보니 순간적으로 화가 날 때도 있을 것입니다. 그럴 때 심판은 아름다운 말씨로 선수들에게 말합니다. "감정적으로 경기하지 마십시오.", "멋진 경기가 되도록 함께 노력합시다."라고 말이지요. 만약 심판마저 "너희들 그만두지 못해!"라고 강경하게 말하면 선수들은 더욱 흥분하지 않을까요? 그래서 아름다운 말로 선수들 마음을 진정시키는 것입니다.

마음속에 생겨난 감정의 고양을 직접적으로 표현해서는 안 됩니다. 살다 보면 상대에게 화가 날 때가 있습니다. 상사에게 이론을 제기하고 싶을 때도 있습니다. 하지만 마음속에 화가 치민다고 해서 그것을 입 밖으로 꺼내서는 안 됩니다. 감정을 직접적으로 말하면 그 말에 숨은 가시가 드러납니다. 일단 말을 삼키고 가시를 빼낸 다음 말하는 것이 중요합니다.

제가 추천하는 방법은 자신만의 주문을 외우는 것입니다. 가령 자기도 모르게 감정이 격해지면 마음속으로 자신만의 주문을 세 번 외침니다. "침착해, 침착해, 침착해."도 좋고, "화나지 않았다, 화나지 않았다, 화나지 않았다."도 괜찮습니다. 무엇이든 상관없습니다. 마음을 가라앉히기 위한 자신만의 주문. 그런 주문을 갖는 것이 중요합니다. 그 주문을 마음속으로 세 번 외친 다음 상대에게 말합니다. 불과 몇 초지만 주문을 세 번 외우는 동안 말 속의 가시를 빼내고 다시 냉정해질 수 있습니다.

이렇게 해서 '신업'과 '구업'을 정돈하면 자연스레 마음으로 짓는 업인 '의업'도 정돈됩니다. 이 세 가지 중 어느 하나라도 빠져서는 안 됩니다. 난폭한 말씨로는 마음을 정돈할 수 없으며, 단정하지 못한 행동거지에서는 아름다운 마음이 생겨나지 않습니다. 신업과 구업, 의업이 삼위일체를 이룰 때 비로소 마음을 정돈할 수 있습니다.

숨만 잘 쉬어도 짜증이 가라앉는다

짜증을 해소하는 좋은 방법이 하나 더 있습니다. 바로 호흡입니다. 저희 승려들은 좌선을 할 때 호흡에 신경을 집중합니다. 막연히 호흡하는 것이 아니라 단전(배꼽에서 약 6.5센티미터 정도 아래)으로 숨을 쉬는 데 집중합니다. 쉽게 말해 복식 호흡입니다. 또 '호흡'의 시작은 '호呼'입니다. '호'는 숨을 내쉰다는 의미입니다. 사람은 숨을 내쉬면 그다음에는 자연스럽게 숨을 들이마시려 합니다. 숨을 들이마시지 않으면 살 수 없기 때문에 의식하지 않아도 숨을 들이마시게 됩니다. 숨을 내쉬는 데 신경을 집중하십시오. 이것이 중요합니다. 단전을 의식하면서 천천히 숨을 내쉬어 보기 바랍니다. 이것을 세 번 반복하면 반드시 마음이 평온해집니다.

반대로 짜증이 날 때, 초조할 때를 떠올려 보기 바랍니다. 피가 머리로 몰리면서 공격적인 말을 내뱉습니다. 혹은 초조하게 행동합니다. 그럴 때는 가슴으로 숨을 쉬기 마련입니다. 어깨를 올리고 내리면서 가슴으로 호흡합니다. 가슴으로 호흡하면 호흡이 점점 빨라집니다. 빠른 호흡은 짜증과 초조함을 더욱 증폭시킵니다. 그럴 때는 단전에 의식을 집중하십시오. 그리고 배를 사용해 숨을 힘차게 내쉬어 보십시오. 그렇게만 해도 기분이 상당히 달라집니다.

매일 아침 눈을 떴을 때, 5분이라도 좋으니 조용히 단전 호흡을 하십시오. 그렇게 해서 마음을 가라앉힌 다음 일을 시작하십시오. 물론 아침에 마음을 정돈해도 일을 하다 보면 수많은 스트레스가 몰려옵니다. 때로는 감정이 폭발할 때도 있고 짜증이 날 때도 있습니다. 인간인 이상 당연합니다. 하지만 그날의 짜증을 다음 날까지 끌고 가면 안 됩니다. 잠들기 전에 5분간 조용히 단전 호흡을 하면 짜증을 가라앉히는 데 도움이 됩니다. 아침 5분과 자기 전 5분, 하루 24시간 중 1퍼센트도 안 되는 시간입니다. 하지만 이 짧은 시간이 마음을 온화하게 만들어 줍니다. 그날의 짜증은 그날 풀어 버리십시오.

'일일시호일日日是好日'이라는 말을 여러분에게 선물하고 싶습니다. 이것은 매일매일이 좋은 날이라는 의미가 아닙니다. 살다 보면 만사가 술술 풀리는 날도 있고 생각대로 되지 않는 날도 있습니다. 평화로운 날이 있는 반면 짜증스러운 날도 있습니다. 하지만 그 모든 날이 여러분에게 의미 있는 하루입니다. 즉, '일일시호일'은 '좋은 하루'와 '나쁜 하루'를 비교할 것 없이 모든 날이 여러분에게 둘도 없이 소중한 하루임을 설파한 말입니다. 마음가짐은 사물을 어떻게 바라보느냐, 어떻게 생각하느냐에 달려 있습니다. 똑같은 풍경도 짜증나는 마음으로 바라보면 볼품없어 보이지만 온화한 마음으로 바라보면 아름답게 보입니다. 우리는 모두 '좋은 날好日'을 살고 있다는 사실을 명심하십시오.

손이 닿는 짜증과
손이 닿지 않는 짜증

짜증은 원인에 따라 크게 두 가지로 나눌 수 있습니다. 하나는 자신의 마음이나 행동이 만드는 짜증입니다. 회사에서 똑같은 일을 해도 항상 짜증을 내는 사람이 있는 반면 물 흐르듯이 업무를 처리하는 사람도 있습니다. 회사에서는 이를 두고 일을 잘한다든가 못한다는 식으로 표현하지만, 저는 이것을 능력의 차이로 보지 않습니다. 애초에 사람의 능력이나 재능은 차이가 그렇게 심하지 않습니다. 물론 능력이 특별한 사람도 있지만, 그런 사람은 전체의 몇 퍼센트도 되지 않습니다. 또 그런 사람도 처음부터 뛰어난 것이 아니라 하루하루 노력해서 그 능력을 발휘하게 된 것입니다. 일을 잘하고 못하는 것을 능력이나 재능 탓으로 돌리는 것은 자신에게서 도망치는 행동입니다.

물 흐르듯 업무를 처리하는 사람과 그렇지 않은 사람은 어떤 점이 다를까요? 그 차이는 시간을 활용하는 방법에 있습니다. 가령 눈앞에 해야 할 업무가 열 가지 있다고 생각해 봅시다. 산더미처럼 쌓인 업무를 보기만 해도 머리가 아플 것입니다. 게다가 전부 마감일이 정해진 것들입니다. 일단 해야 한다는 마음이 앞서서 이것저것 손을 대기 시작합니다. 이른바 '동시 진행'입니다. 한 번에 두세 가지를 동시에 처리합니다. 이것은 언뜻 시간을 절약하는 방법처럼 보이지만, 사실 시간을 늦추는 원인이 됩니다.

제게는 절에서 하는 일뿐만 아니라 대학 교수로서 그리고 '선 사상을 바탕으로 한 정원' 디자이너로서 해야 할 일이 있습니다. 여기에 책을 쓰는 일도 종종 들어옵니다. 항상 눈앞에 일거리가 산더미처럼 쌓인 상태입니다. 하지만 저는 설령 열 가지가 넘는 일이 눈앞에 있어도 초조해하거나 짜증내지 않습니다. 먼저 지금 끌어안은 일을 전체적으로 바라봅니다. 그리고 어떤 것이 가장 힘든 일인지 파악합니다. '이 일은 힘들어 보여.', '이 일은 쉽지 않겠군.' 이렇게 생각되는 일을 추려서 먼저 그것부터 시작합니다. 사람은 힘들고 괴로운 일을 뒤로 미루려 하는 경향이 있습니다. 그렇게 뒤로 미뤄서 문제가 해결된다면 좋겠지만, 결국 언젠가 자신의 손으로 해야 합니다. 힘든 일은 뒤로 미룰수록 마음에 부담을 줍니다. 그래서 먼저 가장 골치 아픈 일부터 시작하는 것입니다. 시간은 걸리지만 어쨌든 그 일에 집중해 끝을 냅니다. 그러면 나머지는 비교적 간단한 일들이므로 마음이 편해집니다.

이것은 일상생활에서도 마찬가지입니다. 수행승들은 매일 아침 늦어도 4시에는 일어납니다. 이것은 사시사철, 365일 변함이 없습니다. 일어나면 먼저 좌선을 한 다음 복도와 불당, 경내를 청소합니다. 요컨대 해야 할 일을 아침에 전부 끝내는 것입니다. 낮에는 정해진 일을 하거나 찢어진 작업복을 꿰매거나 공부를 하기도 합니다. 제 경우 아침 좌선은 하지 않습니다만, 4시 반에 기상해 수행승과 마찬가지로 아침 일을 한 다음 낮에는 절 이외의 일을 시작합니다. 저는 겐코지의 주지이므로 제게 가장 중요한 일은 절 내의 일입니다. 이 가장 중요한 일을 아침에 전부 끝내 놓습니다. 그러면 편안한 마음으로 다른 일에 몰두할 수 있습니다.

해야 할 일은 매일 생깁니다. 이 일도 해야 하고, 저 일은 오늘 안에 끝내야 합니다. 처리해야 할 일이 끊임없이 나타납니다. 먼저 골치 아픈 일부터 끝마치십시오. '어떻게 할까? 하기 귀찮은데……'라고 생각할 여유가 있으면 당장 행동을 시작하십시오. 뒤로 미루지 말고 힘들거나 귀찮은 일을 제일 먼저 처리하십시오. 시간을 이렇게 활용하면 스트레스가 놀랄 만큼 줄어듭니다.

생각해 보십시오. 설령 눈앞에 열 가지 업무가 있어도 그것들을 동시에 할 수 없습니다. 실제 할 수 있는 일은 한 번에 한 가지뿐입니다. 그렇다면 하나하나 착실히 해결하는 것이야말로 일을 빠르게 진행하는 비결이 아닐까요?

'죽유상하절竹有上下節'이라는 말이 있습니다. 이것은 말 그대로 대나무에는 위아래에 마디가 있다는 뜻입니다. 이 마디가 있기에 대나무는 곧게 그리고 높이 뻗을 수 있습니다. 이 마디가 지탱해 주기 때문에 늠름한 모습으로 서 있을 수 있습니다. 일도 이와 마찬가지입니다. 일 하나하나를 완결하지 않으면 다음 일로 넘어가지 못합니다. 동시에 여러 일을 하는 것은 무리한 욕심입니다. 개중에는 어떻게든 여러 업무를 동시에 진행하려고 애쓰는 사람이 있습니다. 그런 사람은 한 가지 일을 하면서 다른 일을 생각하는 경우가 많습니다. 눈앞의 일에 집중하지 못하고 다른 일을 신경 씁니다. 이것은 결국 실수의 원인이 되며, 그 실수 때문에 낭비하지 않아도 될 시간을 낭비하게 됩니다.

알기 쉬운 예를 들어 보겠습니다. 평소 물이나 차 등을 자주 엎지르는 사람이 있습니다. 이런 사람은 차를 따르면서 다른 생각을 하는 경우가 많습니다. 차를 따르면서 '다 따르면 과자를 준비하자.', '과자를 준비한 다음에는 부엌에 가서 밀린 설거지를 해야지.'라고 생각합니다. 언뜻 체계적으로 일을 처리하는 것처럼 보이지만 달리 생각하면 이것은 차를 따르는 일에 집중하지 않는다는 뜻입니다. 다른 곳에 정신이 팔려 있기 때문에 차를 엎지르는 것입니다. 차를 엎지르면 싱크대나 책상을 닦아야 합니다. 결국 하지 않아도 될 일을 늘린 셈이지요. 시간을 효율적으로 사용하는 듯이 보이지만 실제로는 시간을 낭비한 것입니다. 그리고 차를 엎지르면 짜증이 납니다. 자신이 실수해 놓고서는 멋대로 짜증을 냅니다. 이 얼마나 우스꽝스러운 모습입니까?

쓸데없는 짜증을 만들지 않는 생활. 그것은 일 하나하나에 정신을 집중하는 생활입니다. 이것은 누구나 할 수 있습니다. 마음먹기에 따라서는 당장 지금부터라 시작할 수 있습니다. 튼튼한 마디를 만들면서 생활하십시오.

상대를 바꿀 수 없다면 내 생각을 바꾼다

짜증의 원인 중에는 자신의 힘으로는 도저히 어찌할 수 없는 것이 있습니다. 즉, 짜증의 근원이 손이 닿지 않는 곳에 있는 경우입니다. 그 대부분은 인간관계에서 만들어집니다. '상대가 자신의 생각대로 행동하지 않는다. 자신의 생각이 상대에게 전해지지 않는다. 자신과 상대의 페이스가 명백히 다르다.' 이런 사소한 틀어짐이 짜증을 낳습니다.

예를 들어 회사에서 상사가 부하 직원에게 지시를 내립니다. 시간이 지나 "내가 부탁한 일은 다 끝냈나?"라고 물으니 "아직 못했습니다."라는 답이 돌아옵니다. 그 순간 상사의 표정에 짜증이 묻어납니다. '고작 이 정도 일에 시간이 얼마나 필요한 거야?', '나라면 벌써 끝내고도 남았겠다.', '이 친구가 내 의도를 이해하지 못한 건가?' 자기도 모르게 마음속으로 이런 불평을 늘어놓습니다.

　이런 심정은 저도 잘 이해합니다. 저도 때때로 아이들에게 간단한 부탁을 할 때가 있습니다. 그러면 아이들은 알았다고 대답하는데, 실제로는 좀처럼 손을 대려 하지 않습니다. 그 모습을 보면 저 또한 '왜 부탁받은 일을 곧바로 하지 않는 걸까?'라는 생각에 마음이 동요하기도 합니다. 하지만 아이들이 부탁받은 일을 바로 처리하지 않은 원인 대부분은 제게 있습니다. 일을 처음 부탁할 때 언제까지 해달라고 시간을 명확히 말하면 아이들도 반드시 그때까지 해 놓습니다. 그런데 모호하게 부탁하니 서로의 생각이 엇갈리는 것입니다. 또 아무리 '나라면 그것부터 해 놓을 텐데……'라고 생각한들 저와 아이들은 다른 페이스로 살아갑니다. 상대를 자신의 페이스에 맞추려는 것 자체가 오만한 태도입니다.

　인간관계에서 생겨나는 짜증의 원인은 대부분 짜증을 내는 쪽의 사고방식에 있습니다. 상대를 자신의 생각대로 조종하고 싶다는, 가능할 리 없는 기대를 품습니다. 말로 명확히 전달했다면 몰라도 그렇지 않다면 상대가 자신의 생각을 어떻게 알겠습니까? 또 사람은 저마다 사는 페이스가 다릅니다. 빠른 사람도 있고 느린 사람도 있습니다. 빨리 빨리 행동하는 사람이 있는가 하면 느긋하게 행동하는 사람도 있습니다. 그리고 그 페이스의 차이는 사실 생각만큼 크지 않습니다. 일을 빨리 하네 늦게 하네 해도 속도 차이가 그렇게 크게 나는 것은 아닙니다. 다른 사람들과 페이스가 극단적으로 다른 사람은 조직에서 살아남을 수 없기 때문입니다. 요컨대 회사에서 함께 일하는 한, 페이스의 차이는 작을 수밖에 없다는 말입니다. 그런 작은 차이에 민감해진 나머지 자기도 모르게 짜증을 내고 맙니다. 짜증내는 쪽이 손해라는 생각이 들지 않습니까?

자신의 힘으로 상대를 바꿀 수는 없습니다. 주위 사람들은 자신의 생각대로 행동하지 않습니다. 상대가 나의 뜻대로 움직여야 한다는 생각은 전부 착각이나 오만에 불과합니다. 타인을 바꿀 수는 없다면 남은 방법은 무엇일까요? 바로 자신의 사고방식이나 시각을 바꾸는 것입니다. 가령 세상에는 약속 시간에 항상 늦는 사람이 있습니다. 10시에 만나기로 해 놓고서는 매번 10시 15분이 돼서야 옵니다. 고작 15분의 차이지만 기다리는 쪽은 짜증이 나기 마련입니다. "약속 시간에 늦지 좀 마라."고 귀에 못이 박히도록 말해도 시간을 지키지 않습니다. 여기에는 틀림없이 '15분쯤 늦는다고 큰일이 나는 것도 아니잖아?'라는 생각이 있을 것입니다.

이제 그런 사람에 대해서는 그냥 포기하십시오. 10시에 만나기로 약속했다면 여러분도 15분쯤 늦어도 된다고 여기는 것입니다. 만약 도저히 그러기 싫다면 억지로 그 사람과 사귈 필요가 없습니다. 그래도 계속 사귀고 싶다면 그 사람의 페이스에 맞추는 수밖에 없습니다. 자신의 힘으로는 어쩔 수 없는 일이므로 원래 그런 사람이라고 생각하는 것입니다.

만약 인간관계 때문에 짜증이 난다면 의도적으로 외면하십시오. 그리고 나아가서는 '나는 저러지 말자.'라고 생각하십시오. 하다못해 자신은 누군가를 짜증나게 만들지 말자고 생각하십시오. '타산지석他山之石'이라는 말이 있듯이, 이 또한 자신을 성장시키는 밑거름이 되기 마련입니다.

속도와 편리가
짜증을 낳는다

우리 주위에는 휴대전화와 이메일을 비롯해 편리한 소통 수단이 많습니다. 불과 이십 년 정도의 짧은 기간에 이런 수단들이 널리 확산됐습니다. 이것들은 분명 업무나 일상생활을 편리하게 해 줍니다. 공중전화기를 찾지 않아도 필요할 때 상대와 연락할 수 있고, 늦은 밤에도 정보를 주고받을 수 있습니다.

하지만 뒤집어 생각하면 이 편리한 수단들이야말로 짜증과 스트레스를 낳는 것 또한 사실입니다. 가령 친구들끼리 문자를 주고받는데, 상대에게서 문자가 오면 곧바로 답장을 보내야 합니다. 그냥 뒀다가는 어느 순간 갑자기 친구들 사이에서 따돌림을 당할 수 있습니다. 처음에는 이런 일을 어린 학생들만의 얘기라고 생각했는데, 이런 문화가 어른의 세계에도 침투한 모양입니다.

　세상은 점점 빨라지고 있습니다. 사람들은 빠른 것을 미덕으로 여깁니다. 물론 업무는 속도가 중요합니다. 하지만 그 빠른 속도 때문에 놓치는 것도 있습니다. 스스로 곰곰이 생각하는 일입니다. 말을 주고받는 데만 정신이 팔려 자신의 진심은 감춰지고 맙니다. 피상적 인간관계만 부각돼 서로의 본심은 보이지 않게 됩니다. 그 결과 하다못해 이메일 등을 통해서라도 타인과 연결되고 싶은 것이 아닐까요?

　개인용 컴퓨터가 보급되고 회사에서도 이메일 등을 사용하기 시작할 무렵, 사람들은 이런 말을 했습니다. "앞으로는 회사에 가지 않아도 집에서 일할 수 있을 거야.", "편리한 기기들 덕분에 업무 시간이 많이 단축되겠지.", "일하는 시간이 줄어든 만큼 여가 시간이 늘어날 거야." 이런 꿈같은 미래가 기다린다고 생각했습니다. 지금으로부터 이십 년에서 삼십 년 전 이야기입니다.

　분명 그때까지는 업무 하나하나에 손이 많이 갔습니다. 거래처에 연락할 일이 있으면 먼저 전화를 겁니다. 하지만 상대가 너무 바빠서 좀처럼 연락이 되지 않습니다. 전화를 몇 번 걸어도 연락이 되지 않으면 일 처리는 다음 날로 넘어갑니다. 밤늦게 상대방 회사로 전화를 건들 상대는 이미 퇴근하고 없으니까요. 전화를 포기하고 편지를 쓸 때도 있습니다. 고작 연락을 취하는 데만 이틀이 걸립니다. 하지만 지금은 이메일로 순식간에 상대에게 필요한 사항을 전달할 수 있습니다. 설령 상대가 회사에 없어도 이메일은 읽을 수 있고, 어디에 있든 전화 통화가 가능합니다. 그런데 세상은 이토록 효율적으로 바뀌었지만 느긋하게 일할 수 있다는 이야기는 들리지 않습니다. 회사원들은 여전히 만원 지하철 안에서 이리 치이고 저리 치이며 출근합니다. 태풍이 와도 회사에 출근합니다. 업무 시간은 틀림없이 단축됐을 터인데 아직도 많은 사람이 밤늦도록 회사에 남아서 일합니다. 생각해 보면 참으로 이상한 일이지 않습니까? 인간이 주체가 돼 일하는 것이 아니라 기계에 지배당하면서 일하고 있습니다. 이것이 짜증으로 발전해 세상에 만연한 것은 아닌가 싶습니다.

'편리한 물건은 전부 우리에게 플러스가 된다.' 이 명제가 참이 아님을 이제 깨달아야 합니다. 우리 인간은 불편하기 때문에 '생각'을 합니다. 불편함을 어떻게든 개선하려고 할 때 지혜가 탄생합니다. 편리한 것은 인간 본연의 생각하는 힘을 빼앗고 상상력과 지혜의 생성을 방해합니다. 편리에는 이런 부정적 측면도 있습니다. 편리한 '물건' 때문에 마음이 궁지에 몰려서는 안 됩니다. 그리고 편리함이 유발하는 짜증은 마치 인플루엔자처럼 다른 사람들에게 전염됩니다. 이것을 막을 방법은 개개인의 마음가짐밖에 없습니다.

혼자 있는 시간을 만든다

저는 여러분에게 고독해지는 시간을 가져 보라고 권합니다. 짜증의 소용돌이에서 빠져나와 혼자가 되는 시간을 갖는 것입니다. 가령 일주일 중 하루, 몇 시간이라도 좋으니 짜증의 소용돌이에서 빠져나와 보십시오. 아침 일찍 일어나 바다나 산에 가 보십시오. 굳이 멀리 갈 필요는 없습니다. 어쨌든 자연에 몸을 맡겨 보십시오. 휴대전화 같은 것은 집에 두고, 그 시간만큼은 일 생각을 잊습니다. 그리고 자연에서 자신의 마음과 마주하십시오. "지금처럼 살아도 될까?", "나는 지금 내가 믿는 길을 걷고 있는 걸까?", "내가 할 수 있는 일은 무엇일까?" 또 다른 자신에게 이렇게 물어봅니다. 설령 답을 발견하지 못해도 상관없습니다. 고독 속에서 자문자답하는 것 자체가 중요합니다.

고독을 두려워하지 마십시오. 고독과 고립은 전혀 다릅니다. 고립은 누구와도 마음이 연결되지 않은 상태입니다. 하지만 고독은 설령 혼자 있어도 누군가와 마음이 이어진 상태입니다. 혼자 바다를 바라보면서도 마음속으로 소중한 누군가를 생각합니다. '부모님은 건강하실까?', '학창 시절 친구들은 지금 어떻게 살고 있을까?', '집에서는 아들놈이 내가 돌아오기를 목이 빠져라 기다리고 있겠지.' 이메일이나 문자를 보내지 않아도 그 마음은 틀림없이 상대의 마음에 전해집니다. 전화를 걸지 않아도 부모님에게는 여러분의 목소리가 들릴 것입니다. 이것이 불교에서 말하는 '이심전심'입니다.

스트레스에 시달리는 사람들에게 제가 제안할 것이 또 하나 있습니다. 성묘를 가는 것입니다. 업무나 인간관계로 고민하고 짜증이 솟구칠 때 성묘를 가 보십시오. 조상님이나 부모님이 잠들어 계신 묘를 깔끔하게 정돈하고 꽃을 바칩니다. 향을 켜고 조용히 두 손을 모읍니다. 향이 다 탈 때까지 돌아가신 부모님이나 조부모님에게 말을 걸어 보십시오. 어떤 이야기라도 좋습니다. 가족에게 말할 수 없는 고민을 털어놓아도 좋고, 요즘 일이 잘 안된다고 투덜대도 좋습니다. 자신의 미래에 대해 물어봐도 좋습니다. 묘 앞에 조용히 앉아서 이야기를 하십시오. 이때 여러분은 결코 혼자가 아닙니다. 모습은 보이지 않더라도 그곳에는 조상님이 있습니다. 여러분 마음에서 나오는 이야기를 들어주십니다. 이것이 바로 고독의 의미입니다. 이 세상에 성묘를 하면서 짜증을 내는 사람은 없습니다. 묘 앞에 선 순간 사람은 누구나 마음의 안정을 느끼기 마련입니다.

성묘를 하고 싶지만 묘가 너무 멀리 떨어져 있어서 갈 수 없는 사람도 있습니다. 시골을 떠나 도시에서 사는 사람도 많습니다. 그러다 보니 명절이 아니면 성묘를 갈 기회를 마련하기 어렵습니다. 그런 사람은 집에 불단을 만들면 좋습니다. 꼭 크고 화려할 필요는 없습니다. 최근에는 아파트 등 공간이 넉넉하지 않은 집을 위해 작은 불단을 파는 곳이 있습니다. 방에 불단을 설치하고 매일 손을 모으는 습관을 들이십시오. 매일 꽃을 바칠 필요는 없습니다. 바쁜 아침에는 향에 불을 붙이는 정도로 충분합니다. 단 몇 초라도 좋으니 불단을 향해 손을 모으는 습관을 들이십시오. 손을 모으는 그 순간이 바로 고독해지는 시간입니다. 짜증의 소용돌이에 휩쓸리지 않는 시간입니다. 자문자답할 수 있는 시간입니다. 틀림없이 그 짧은 시간이 여러분의 마음을 구원해 줄 것이라고 저는 믿습니다.

부모님이 매일 불단을 향해 손을 모으는 모습을 자녀들은 똑똑히 지켜봅니다. 조상님의 의미는 몰라도, 불단의 의미는 이해하지 못해도 부모가 조용히 손을 모으는 모습은 자녀의 기억에 계속 남습니다. 그리고 신기하게도 부모가 불단을 향해 손을 모으는 모습을 보며 자란 아이는 매우 차분합니다. 뿐만 아니라 가정의 분위기도 차분합니다. 아이들에게 남겨야 할 것은 바로 이런 마음이 아닐까요?

저희 절에 오는 사람 중에 어린 사내아이가 있었습니다. 초등학교 입학 전에 어머니를 여읜 아이입니다. 그 아이는 매달 아버지 손을 잡고 저희 절에 잠든 어머니를 찾아왔습니다. 그런데 반년이 지나자 아버지 모습이 보이지 않았습니다. 일이 바빠서 매달 오기 어려웠던 것입니다. 대신 그 아이는 할머니 손에 이끌려 매달 한 번은 반드시 성묘를 왔습니다. 이윽고 초등학교를 졸업하고 중학생이 되자 이제는 크게 성장한 아이가 할머니를 모시고 성묘를 왔습니다. 저는 웃음 띤 얼굴로 그 모습을 바라봤지요. 그런데 언제부턴가 두 사람 모두 발길이 뚝 끊겼습니다. 고등학생이 돼서 바빠진 건지, 혹시 할머니 건강이 나빠진 것은 아닌지 하는 걱정 속에 세월이 흘렀습니다.

그로부터 십수 년이 지난 어느 날, 한 젊은 부부가 성묘를 왔습니다. 저는 남편이 과거의 그 아이임을 한눈에 알아봤습니다. 그리고 훌륭하게 성장한 그의 옆에는 작은 남자아이가 있었습니다. 할머니 손에 이끌려 성묘를 오던 아이가 이번에는 자기 아이의 손을 잡고 성묘를 온 것입니다. 저는 그 모습을 보고 눈시울이 뜨거워졌습니다. 그리고 그 가족을 향해 조용히 합장을 했습니다.

그는 어린 나이에 어머니를 여의었습니다. 이것은 참으로 슬픈 일이지만, 그는 결코 고립되지 않았습니다. 항상 누군가와 마음이 연결돼 있었을 것입니다. 사람과 사람의 유대란 이런 것입니다. 그것은 컴퓨터 화면 속이 아니라 사람들 마음속에 있습니다. 이렇게 믿으면 조금은 마음이 평온해질 것입니다.

6장
허세 부리는 습관

약점도
드러낼 수 있는
사람을 만든다

한 등급 위라는
허세

사람은 누구나 자기도 모르게 허세를 부리는 버릇이 있습니다. '주위 사람들보다 반걸음 앞서고 싶다. 본래의 자신보다 조금 잘나 보이고 싶다.' 이것은 사회적 동물의 본능 같은 것이므로 어쩔 수 없는 측면도 있습니다. 허세 또한 하나의 번뇌라고 할 수 있습니다.

이런 허세 중에서 '한 등급 위'라는 것이 하나의 키워드가 된 모양입니다. 요컨대 세상 사람들보다 조금 위에 있고 싶다는 욕망입니다. 수입도 엄청난 수준을 바라지는 않습니다. 그런 것은 무리임을 알지요. 하지만 주위 사람들보다 조금은 더 많이 벌고 싶어 합니다. 그리고 그 정도는 조금만 노력하면 실현할 수 있다고 생각합니다. 그렇기에 이 말에 매력을 느낀다고 생각합니다.

그런데 이 '등급'이란 대체 무엇일까요? 그것은 누가 정한 것일까요? 스포츠 세계처럼 명확한 세계 랭킹이 있다면 알기 쉽지만, 우리가 생활에서 말하는 '등급'은 무엇을 가리킬까요? 사실 그런 것은 존재하지 않습니다. 자기 멋대로 타인과 비교하거나 언론 등에서 흘리는 숫자를 그대로 받아들여 만든 허상에 불과합니다. 여기에 명확한 기준 같은 것은 전혀 없습니다. 한마디로 망령 같은 것이지요.

제 생각에 허세는 두 가지로 볼 수 있습니다. 하나는 자신에 대한 허세이고 다른 하나는 타인에 대한 허세입니다. 자신에 대한 허세는 잘만 이용하면 자신의 발전으로 연결시킬 수 있습니다. 예를 들어 제가 어렸을 때는 사내아이는 강해야 한다는 것이 사회 통념이었습니다. 감기에 걸려서 열이 나도 "넌 남자니까 이 정도 열로 징징대면 안 돼."라는 말을 들었습니다. 다쳤을 때도 저희 아버지는 제게 "넌 남자니까 그 정도 상처로 울어서는 안 돼."라고 말했습니다. 요컨대 남자로서 허세를 부리라는 것입니다. 이 교육이 올바른가 아닌가는 둘째 치고, 어쨌든 저희 세대는 남자로서의 허세를 부렸습니다. 그리고 그 결과 정신력이 강해진 것도 사실입니다. 허세라기보다 센 척이라고 해야 더 정확할지 모르겠습니다. 하지만 이것은 나를 타인과 비교하는 것이 아닙니다. 자신의 약한 마음과 싸우는 것입니다.

자신에게 허세를 부림으로써 성장하는 경우도 있습니다. 회사 생활을 하다 보면 자신의 역량을 조금 넘어서는 일에 도전할 때가 있습니다. 상사가 "괜찮겠어?"라고 걱정해도 "괜찮습니다. 제게 맡겨 주십시오."라고 자신만만하게 말합니다. 그것이 명백한 허세임은 자신도 잘 압니다. 하지만 이미 허세를 부렸기에 어떻게든 그 일을 완수하고자 노력합니다. 필사적으로 일과 씨름합니다. 그러다 보면 그때까지 없던 힘이 솟아날 때도 있습니다. 허세를 성장의 양식으로 삼아 업무 능력을 한 단계 높이는 것입니다.

소위 명품으로 불리는 브랜드 제품에 대한 허세가 있습니다. 일본인은 이 명품에 참으로 약해 명품 브랜드의 인기가 떨어질 줄 모릅니다. '남들보다 조금 더 고급스러운 가방을 갖고 싶다. 친구들이 부러워할 만한 시계를 차고 싶다…….' 브랜드 제품은 허영심을 자극하는 최고의 도구입니다. 사실 브랜드 제품을 몸에 많이 둘렀다고 해서 그 사람 자신이 대단한 사람이 되는 것은 아닙니다. 돈은 많을지 몰라도 그것뿐입니다. 인간적 본질에는 전혀 변함이 없습니다. 하지만 그런 사실을 알면서도 사람들은 이내 브랜드 제품에 현혹됩니다. 고급 브랜드 양복을 입은 사람은 틀림없이 사회적으로도 훌륭할 것이라고 생각합니다. 이런 망상을 품은 사람이 많기에 명품의 유행은 사라지지 않을 것입니다.

저는 브랜드 제품을 갖는 것이 반드시 잘못됐다고 생각하지 않습니다. 갖고 싶다면 사십시오. 그러면 됩니다. 하지만 허세를 위해 사서는 안 됩니다. 브랜드 제품을 갖는 목적은 어디까지나 자신을 고무시키기 위해서여야 합니다. 자신의 급여보다 비싼 시계를 삽니다. 아직 자신에게는 과분한 줄 알지만, 눈을 질끈 감고 고급 시계를 삽니다. 그리고 매일 그 시계를 바라보면서 빨리 이 시계를 차기에 손색이 없는 사람이 되고자 노력합니다. 그리고 그 시계에 걸맞은 사람이 되면 다시 한 등급 높은 시계를 삽니다. 항상 조금 더 높은 곳을 의식하면서 그곳에 도달하고자 노력을 거듭합니다. 이런 사고방식을 가진다면 브랜드 제품도 자신을 높여 주는 도구가 될 수 있습니다.

그리고 자신의 등급을 판단할 때 결코 타인과 비교해서는 안 됩니다. 어제의 자신과 오늘의 자신을 비교하십시오. 일 년 전 자신의 기량과 지금의 기량을 비교하십시오. 즉, 자신의 내부에 확고한 잣대를 가져야 합니다. 일 년 전보다 한 단계 높이 올라가도록 노력하십시오. 그리고 내년에는 또 한 단계 높이 올라가겠다고 결심하십시오. 자신에게 부리는 허세란 바로 이런 것입니다.

자신을 '있는 그대로' 드러낸다

한편 그만둬야 할 것은 타인에게 부리는 허세입니다. 이것은 아무런 의미도 없는 행동이며, 자신을 멸시하는 행동이기도 합니다. 타인에게 허세를 부리는 행위는 곧 자신에게 거짓말을 하는 것이기 때문입니다.

가령 친구 몇 명과 점심을 먹게 되었습니다. 친구들은 호텔에서 삼만 오천 원짜리 점심을 먹자고 합니다. 하지만 여러분 급여를 생각하면 그 점심은 도저히 무리입니다. 그것을 먹느니 차라리 퇴근길에 가족을 위한 선물이라도 사겠다는 생각이 듭니다. 그런데 바로 이때 타인에 대한 허세가 고개를 치켜듭니다. '이걸 거절하면 친구들은 내가 돈이 없다는 걸 눈치챌 거야.', '이걸 거절하면 다음부터 나만 빼고 갈지도 몰라.' 이런 공포심 때문에 자기도 모르게 "거기 좋지. 가자."라며 따라갑니다. 허세를 부리고자 '아까운데……'라는 자신의 마음을 숨기고 거짓말을 하는 것입니다. 이 얼마나 한심한 일입니까?

만약 점심에 그 돈을 쓸 수 없다고 생각한다면 당당하게 거절하십시오. "미안해. 나한테는 너무 비싸네."라고 솔직하게 말하는 용기를 가지십시오. 그것은 창피한 행동이 아닙니다. 그리고 거절했다고 해서 떨어져 나갈 친구라면 굳이 사귈 필요도 없습니다. 허세를 부려야만 사귈 수 있는 친구는 진짜 친구가 아니기 때문입니다.

그런데 허세를 부려서라도 친구를 사귀어야 한다고 믿는 사람도 많습니다. 표면적 관계를 망치지 않으려고 무리를 합니다. 혼자 남겨지지 않으려고 최대한 허세를 부립니다. 참으로 피곤한 삶이라는 생각이 들지 않습니까?

허세를 부리며 사는 것은 사실 참으로 피곤합니다. 자신의 마음이 견딜 수 있는 수준이라면 몰라도 자기 마음을 짓누르는 허세는 그만두는 편이 좋습니다. 그런 허세는 자신에게 해로우면 해로웠지 절대 이롭지 않습니다. 만약 지금 누군가에게 허세를 부리는데 그것 때문에 괴롭다면 그와의 관계를 재고해 보는 것이 어떨까요? 허세 부리기를 그만두는 동시에 그렇게 하지 않으면 사귈 수 없는 사람과는 거리를 두는 것입니다. 그런다고 해서 모든 사람이 떠나지 않습니다. 진심을 나누며 사귈 수 있는 사람은 반드시 있습니다. 내가 먼저 허세 부리기를 그만두면 상대 역시 허세를 부리지 않습니다. 허세는 한쪽이 부리면 다른 쪽도 따라서 부리게 되므로 한쪽이 그만두면 상대 역시 그만두게 됩니다. 그리고 그럴 때 진짜 인간관계가 형성됩니다. 허세를 부리는 것이 좋은 사람은 그런 사람끼리 만나면 됩니다. 굳이 여러분까지 그 안으로 뛰어들 필요는 전혀 없습니다.

허세는 말하자면 허식虛飾입니다. 남들에게 잘나 보이려고 꾸미고 또 꾸민 나머지 본래 모습이 점점 사라져 갑니다. 이것은 자신의 인생을 사는 것이 아닙니다. 항상 자신을 타인과 비교하며 사는 사람은 끊임없이 비교 대상을 찾습니다. 자신보다 조금 떨어지는 대상을 찾아내 그 사람과 비교하면서 만족감을 얻습니다. 그런 삶에서 충실감을 얻을 수 있을까요? 저는 그렇다는 말은 도저히 할 수 없습니다.

'있는 그대로'의 모습으로 살 때 비로소 본래의 행복이 깃듭니다. 센노 리큐는 일본의 다도茶道를 완성한 인물입니다. 신분 제도가 엄격한 시대에 살았던 그는 차를 통해 사람들에게 '있는 그대로의 모습'이 얼마나 중요한지를 보여 주었습니다. 그가 설계한 다실에는 '무릎문'이라고 부르는 작은 문이 있습니다. 성인 남성이 간신히 지날 수 있을 정도의 문입니다. 그는 왜 이런 작은 문을 만들었을까요? 다실에는 무사들도 종종 찾아왔습니다. 당시 무사는 신분 제도의 정점에 있는 존재였습니다. 무사들이 '무릎문'을 통과하려면 허리에 찬 칼을 풀어 놓아야 했습니다. 요컨대 그는 무사들이 다실에 올 때 반드시 칼을 풀고 오도록 문을 작게 만든 것입니다.

무사들은 어쩔 수 없이 칼을 맡기고 다실로 들어갔습니다. 그리고 '있는 그대로의 모습'으로 리큐를 마주했습니다. 칼이 없는 무사는 말하자면 '보통 사람'에 불과합니다. 벌거벗은 자신으로 돌아가는 것입니다. 칼은 무사의 허식입니다. 자신은 신분이 높은 존재라는 허세 그 자체입니다. 칼을 내려놓음으로써 그들은 그것이 허식임을 깨닫습니다. '있는 그대로'의 자신을 드러낼 때 서로 대등한 관계가 될 수 있음을 깨닫습니다. 리큐는 다실의 작은 문을 통해 무사들의 허식을 깨우쳐 준 것입니다.

'있는 그대로의 자신'을 바라보십시오. 허식을 벗고 벌거벗은 자신을 바라보십시오. 그리고 스스로를 높이기 위해 자신에게 허세를 부리며 사십시오. 사람은 누구나 '한 등급 위'의 삶을 원합니다. 그것은 잘못이 아닙니다. 다만 비교해야 할 '등급'은 자신의 내부에 있습니다. 사회가 정하는 것도 아니고, 하물며 주위 사람들이 정하는 것도 아닙니다. '있는 그대로의 자신'이 정해야 하는 것입니다.

행복한 척하며
사는 인생은 피곤하다

예로부터 남자는 '허세 덩어리'라는 말이 있습니다. 남들에게 조금이라도 크게 보이고 싶다, 강해 보이고 싶다, 뛰어나 보이고 싶다는 욕구가 강합니다. 현대 사회를 사는 남성도 마찬가지입니다. 출세나 많은 연봉을 원하는 것도 이런 허세를 만족시키고 싶어서입니다. 이렇게 보면 남성의 허세는 어떤 의미에서는 알기 쉬운 것인지 모릅니다.

그런데 여성의 허세는 조금 다른 듯합니다. 이 책을 편집한 분은 여성인데, 그분은 이렇게 말했습니다. "여성은 남들 눈에 행복한 것처럼 보여야 한다는 생각이 강해요. 사실 별로 행복한 상황이 아니어도 친구들한테 행복해 보이려고 애써요. 그런 독특한 허세가 있다는 생각이 들어요."

만약 그분의 말처럼 행복하게 보여야 한다는 생각이 강하다면 그것은 고통스러운 일입니다. 애인이 생겼으면 좋겠는데 좀처럼 생기지 않습니다. 그런데 애인이 없다는 것이 곧 불행이라는 믿음이라도 있는지 애인 따위는 필요 없는 척 행동합니다. 혹은 남편과 사이가 좋지 않은데 가정생활이 행복하다고 과시합니다. 요컨대 행복한 자신을 연기하는 것입니다. 그렇게 행복을 연기하는 것이 과연 얼마나 의미가 있을까요? 그것은 허세를 넘어서 얄팍한 허영심입니다.

행복이란 무엇인가에 관해 잠시 이야기하고 넘어가겠습니다. 선禪에는 '심외무별법心外無別法'이라는 말이 있습니다. '모든 현상은 자신의 마음이 만든다.'는 의미입니다. 요컨대 행복이나 불행은 형태가 있는 것이 아닙니다. 이것이 행복이고 저것이 불행이라고 칼로 자르듯이 나눌 수 없습니다. 그런 것들 전부 자신의 마음이 느끼는 것입니다.

예를 들어 부자가 되면 행복해진다고 믿는 사람이 있습니다. 그렇다면 대체 돈이 얼마나 있어야 행복해질까요? 일억이 있으면 행복할까요? 천억이 있으면 행복하게 살 수 있을까요? 답은 돈에 있지 않습니다. 월급 이백만 원에도 커다란 행복을 느끼는 사람이 있습니다. 한 달에 천만 원을 벌어도 만족하지 못하는 사람도 있습니다. 행복과 불행은 금액이 아니라 마음이 결정합니다. 돈은 분명 필요합니다. 돈이 없어서 어려움을 겪을 때도 있습니다. 하지만 돈에 쪼들리는 것이 곧 불행이라고는 할 수 없습니다.

애인이 없는 것, 서른이 넘었는데 결혼하지 못한 것이 곧 불행일까요? 행복해 보이고 싶어서 좋아하지 않는 남성과 사귑니다. 타협하면서 결혼합니다. 그것이 행복일까요? 물론 그것이 행복하다면 그렇게 해도 됩니다. 다른 사람이 뭐라고 하든 자신이 행복을 느낀다면 생각대로 하십시오. 무엇에서 행복을 느끼느냐는 사람마다 다릅니다. 자신의 마음을 채워 주는 것을 찾아내는 것이 중요합니다.

행복은 '있는' 것이 아니라 '느끼는' 것입니다. '행복해지는' 것이 아니라 '행복을 느낄 수 있는 자신이 되는' 것입니다. 불행도 마찬가지입니다. 똑같은 상황에서도 그것을 불행으로 느끼는 사람이 있는가 하면 대수롭지 않게 생각하는 사람도 있습니다. 왜 그런 차이가 날까요? 불행하다고 느끼는 사람은 항상 불행만 찾아다니기 때문입니다.

행복과 불행의 씨앗은 주위에 수없이 떨어져 있습니다. 어떤 것이든 행복과 불행의 양면을 지닙니다. 그렇다면 주위에 떨어진 씨앗 중 어떤 것을 줍느냐가 중요합니다. 늘 자신은 불행하다고 탄식하는 사람은 불행의 씨앗만 주워 모읍니다. 기껏 행복의 씨앗을 주워도 불행의 나무로 키웁니다. 이래서는 평생 행복을 느낄 수 없습니다.

많은 여성이 품은 '행복해 보이기 증후군'은 왜 생겨났을까요? 틀림없이 사회의 '상식'이나 '보통'이라는 환상에 지나치게 신경 쓰기 때문입니다. '서른 살까지는 결혼하는 것이 보통', '마흔 살까지는 출산하는 것이 보통', '내 아이는 착한 아이로 자라는 것이 당연'. 우리 사회에는 이런 환상이 존재합니다. 서른 살까지 결혼하지 못하면 행복해질 수 없을까요? 아이는 반드시 마흔 살 전에 낳아야 하는 것일까요? 남편이 해고당하면 무조건 가족이 불행해질까요? 단순히 서른까지 결혼하지 못하면 행복해질 수 없다고 믿는 것은 아닐까요? 남편이 해고당하면 부부가 힘을 합쳐 가정을 지키면 됩니다. 그러면 그때까지 없던 부부의 정이 생기기도 합니다.

눈앞에 일어난 사건에 대해 일일이 행복과 불행을 결정하지 마십시오. 불행하다고 생각한 순간 정말로 불행해집니다. 사회의 환상 따위에 얽매이지 말고, 타인의 눈은 신경 쓰지 말고 자신의 마음으로 행복을 느끼십시오. 만약 여러분이 큰 병을 앓지도 않고 매일 어려움 없이 세끼 밥을 챙겨 먹을 수 있다면 그것만으로도 행복한 일입니다. 그 이상의 자신을 연기할 필요는 없습니다. '행복 연기'는 결코 오래 지속되지 못합니다. 누군가에게 들통이 나서가 아니라 연기를 계속하는 자신이 괴로워지기 때문입니다.

주위의 작은 사건에서 행복을 느낄 수 있는 마음을 갖기를 바랍니다. 주위에서 일어난 나쁜 사건에 둔감해질 수 있는 강인함을 지니기를 바랍니다. 그리고 행복한 듯이 행동하려는 공허한 마음을 버리십시오. 그것이 행복하게 사는 법입니다.

행복을 과시하지 않는다

현재 자신이 행복한 듯이 허세를 부리는 사람이 있는 한편, 자신의 행복을 과시하는 사람이 있습니다. "나는 이렇게 출세했어.", "나는 이런 엘리트와 결혼했어.", "지금의 나는 최고로 행복해."라고 말입니다. 이렇게 자신의 처지를 과시하는 것 또한 허세입니다. 그리고 이것은 결코 아름다워 보이지 않습니다.

자신의 행복을 과시하는 사람의 마음속에는 반드시 '불안'이나 '초조함'이 숨어 있습니다. '만약 지금의 행복을 잃어버리면 어떡하지?', '무슨 일이 있어도 지금의 행복을 놓칠 수 없어.' 이런 마음이 있기 때문에 그 마음을 외면하고자 행복을 과시하는 것입니다. 자신의 행복이 위태롭다는 것을 알기에 필사적으로 타인에게 과시하는 것인지도 모릅니다. 진정으로 마음속에 충실감이 있는 사람은 자신의 행복을 과시하지 않는 법입니다.

살다 보면 잘 풀릴 때도 있고 안 풀릴 때도 있습니다. 위를 향해 올라가는 시기도 있고 아래로 내려가는 시기도 있습니다. 행복을 느끼는 날도 있고 조금 불행한 날도 있습니다. 하지만 똑같은 상태가 영원히 계속되지는 않습니다. "인생의 화복은 꼬아 놓은 새끼줄과 같다."는 말이 있듯이 맑은 날도 있고 궂은 날도 있습니다. 그것이 인생입니다.

만사가 술술 풀리면 누구나 그것을 과시하고 싶어집니다. 조금은 남들에게 자랑하고 싶어집니다. 이 또한 인지상정입니다. 하지만 그럴 때일수록 타인에 대한 배려를 잊지 않는 것이 중요합니다. 예를 들어 여러분이 회사에서 승진을 했습니다. 주위 사람들이 축하의 말을 건넵니다. "축하한다.", "정말 대단한데!" 그런 축하에 대한 답례는 "고맙습니다."로 족합니다. 다른 말을 덧붙일 필요는 없습니다. 이런저런 말을 덧붙일수록 상대에게는 그것이 자랑처럼 들립니다. 본인은 그런 의도가 아니었어도 상대에게는 으스대는 것처럼 들리기 마련입니다. 일이 잘 풀릴 때일수록 겸허한 마음을 잊지 마십시오.

반대로 불행한 상황에 놓였을 때도 그것을 노골적으로 드러내서는 안 됩니다. "나는 이렇게 불행해.", "나는 이런 재해를 입었어." 불행을 지나치게 드러내면 상대는 난처해집니다. 자신의 불행을 드러내는 사람의 심리에는 '질투심'과 '유약한 마음'이 숨어 있습니다. 그리고 질투심과 유약함이 엿보일 때, 듣는 사람은 뒷걸음질을 칠 것입니다.

어떤 상황에 놓이든 그것을 노골적으로 드러내지 말고 겸허히 말하고 행동해야 합니다. 그것이 인생을 아름답게 사는 법입니다. 약간의 허세는 어쩔 수 없습니다. 행복해 보이고 싶은 마음도 이해합니다. 하지만 허세를 부릴 때 거울에 비친 자신의 모습을 바라보십시오. 과연 어떤 모습일까요? 아마도 행복해 보이는 모습은 아닐 것입니다.

따뜻한 말 한마디가
행복을 부른다

허세를 부리는 행위는 타인과의 관계에서 존재합니다. 가령 무인도에서 혼자 사는 사람에게 허영은 존재하지 않습니다. 자신을 좋게 보일 필요도 없고, 화려하게 꾸미는 것도 무의미합니다. 타인이라는 누군가가 있을 때 비로소 자신을 좋게 보이려는 마음이 싹틉니다. 생각해 보면 당연한 일입니다.

자신의 진정한 모습을 숨기고 항상 허세를 부리는 것은 참으로 피곤한 일이 아닐까요? 물론 사회생활을 하다 보면 때때로 허세를 부려야 할 경우도 있을지 모릅니다. 자신을 화려하게 보여야 할 때도 있습니다. 사회생활이란 그런 것입니다. 그렇기에 더더욱 자신의 진정한 모습을 드러낼 수 있는 친구를 만드는 것이 중요합니다. '이 사람에게만큼은 자신을 있는 그대로 드러낼 수 있다. 약한 모습을 포함해 진심을 털어놓을 수 있다.' 그런 친구를 만드십시오. 다만 그런 친구가 많을 필요는 없습니다. 서로를 이해할 수 있는 친구를 수십 명씩 만들기는 도저히 무리입니다. 한두 명이라도 좋습니다. 자신을 꾸밀 필요가 없고 서로 허세를 부리지 않아도 되는 친구. 그런 친구를 꼭 만드십시오.

지금은 라인이나 페이스북 등 소셜 네트워크 서비스를 통해 많은 사람과 관계를 쌓을 수 있는 시대입니다. 예전보다 몇 배나 많은 '지인'을 만들 수 있습니다. 하지만 그런 사람들은 단순한 '지인'에 불과합니다. 그리고 그런 '지인'이 많아질수록 허세도 커집니다. 모두에게 호감을 주고 싶다, 지지받고 싶다는 생각에 더욱 자신을 꾸밉니다. '지인은 많을수록 좋지.', '친구가 적으면 창피하잖아?' 이런 환상에 얽매이지 말고 진정으로 마음을 허락할 수 있는 친구를 만드십시오. 그 단 한 명의 친구가 틀림없이 여러분의 인생을 풍요롭게 만들어 줄 것입니다.

그리고 무엇보다 중요한 존재가 가족입니다. 부모님, 배우자, 아이들. 가족을 소중히 여기는 것이야말로 행복으로 가는 가장 빠른 지름길이 아닐까요. 인연이 있어 지금의 부모님에게서 태어났습니다. 인연이 있어서 지금의 반려자와 맺어졌습니다. 그리고 그 인연을 통해 아이들이 이 세상에 태어났습니다. 그 인연에 감사하는 마음을 가지십시오.

현대 사회는 핵가족화가 점점 진행되고 있습니다. 부모님과 따로 살고, 아이들도 어느 정도 크면 독립해서 집을 나갑니다. 저는 가능하면 삼대가 함께 사는 것이 좋다고 생각하지만, 그것이 허용되지 않는 상황도 있습니다. 그런 사회이기에 항상 가족의 인연을 중요하게 생각해야 합니다. 문득 '시골에 계신 부모님은 어떻게 지내고 계실까?'라는 생각이 들면 곧바로 전화를 걸어 보십시오. 휴대전화가 있으니 손쉬운 일입니다. "건강하시죠? 감기라도 걸리지 않으셨나요?"라는 짧은 인사여도 좋습니다. 그러면 전화기 너머로 어머니의 목소리가 들려옵니다. "나는 괜찮다. 너는 어떠니?" 1분도 되지 않는 짧은 대화이지만, 그 짧은 대화를 통해 문득 진정한 자신을 되찾을 수 있습니다. 온몸에 달라붙어 있던 무의미한 허식을 벗어던질 수 있습니다. 가족이란 그런 존재입니다.

가족이 한 공간에 살며 함께 시간을 보내는 것은 참으로 중요한 일입니다. 아무리 바빠도 아침 식사만은 온 가족이 모여서 함께 먹습니다. 출장이 계속되는 생활이어도 주말만큼은 반드시 가족과 함께 보냅니다. 아이가 독립해서 집을 떠나도 한 달에 한 번은 반드시 온 가족이 모입니다. 사람은 이런 따뜻한 시간을 통해 그간 잊었던 진정한 자신을 되찾을 수 있습니다.

그리고 항상 가족의 작은 행복을 기원하십시오. 행복이란 자신의 만족감에 있는 것이 아닙니다. 진정한 행복은 사랑하는 사람의 환한 웃음에 있습니다. 저는 그렇게 생각합니다. 가령 부부가 외식을 하러 나갔습니다. 무엇을 먹을지 둘이서 의논합니다. 남편은 깔끔한 메밀국수를 먹고 싶은데 아내는 중국 요리를 원합니다. 그럴 때는 어떻게 해야 할까요? 남편은 중국 요리가 별로 내키지 않지만 아내의 의견을 따릅니다. 중국 요리를 먹으면서 아내는 즐거운 표정으로 "정말 맛있어."를 연발합니다. 그 표정을 바라보는 남편도 기분 좋은 행복감에 젖습니다. 그리고 돌아오는 길에 생각합니다. '역시 중국 요리 먹기를 잘했어.'라고 말이지요. 그런 훈훈한 시간이 가족의 유대를 강화시켜 줍니다.

부부가 서로에게 허세를 부리지 않고 집안에 훈훈한 바람을 불어넣는 것. 이것이야말로 서로 행복할 수 있는 가장 좋은 방법이 아닐까요? 훈훈한 바람을 불어넣는 방법은 전혀 어렵지 않습니다. 간단한 말 한마디면 충분합니다. 아침에 일어나면 "잘 잤어?"라고 말합니다. 식사를 마치면 "맛있게 먹었어."라고 말합니다. 아내가 옷을 다려 주면, 남편이 쓰레기를 버려 주면 "고마워."라고 말합니다. 이런 간단한 말 한마디의 소중함을 잊어서는 안 됩니다. 어떤 인간관계든, 어떤 긴밀한 대화든 항상 간단한 말 한마디에서 시작됩니다. "안녕하십니까?", "처음 뵙겠습니다.", "고맙습니다." 누구나 아는 이 간단한 말 한마디가 서로의 마음을 풀어 줍니다. 따뜻한 행복의 바람을 불러일으킵니다. 저는 항상 그렇게 이야기합니다.

겉모습 뒤에 가려진 진짜 얼굴을 본다

사람은 모두 자신을 치장하려 합니다. 고급 양복을 입고, 값비싼 시계를 차고, 직함이 적힌 명함을 자랑스럽게 건넵니다. 왜 그런 것에서 기쁨을 느낄까요? 그것은 우리가 겉모습으로 사람을 판단하는 세상에 살고 있기 때문입니다. 그 사람의 본질이 아니라 그 사람을 치장한 표면에 눈이 가고 맙니다. 이 또한 현실인지 모릅니다. 하지만 사람의 가치는 표면이 아니라 좀 더 본질적인 곳에 있습니다. 화려하게 꾸민 세계에 사는 사람들도 마음속 어딘가에서 이런 생각을 할지 모릅니다. 그렇다면 그 사람의 본질은 어디에 있을까요? 어떻게 해야 그 본질을 간파할 수 있을까요? 참으로 어려운 문제입니다만, 힌트가 되는 일화를 소개합니다.

교세라를 창업했고 일본항공을 재건한 명경영자 이나모리 가즈오 씨가 출가해서 수행승의 몸이 되었을 때 일입니다. 이나모리 씨는 수행승으로서 집집을 돌아다니며 문 앞에 서서 시주를 청하는 '걸립' 형

태의 탁발을 했습니다. 여러분도 거리에서 탁발하는 승려를 본 적이 있을 것입니다. 이 탁발이라는 수행을 걸식행 또는 두타행이라고 부릅니다. 출가한 승려가 바리때를 들고 거리로 나가 음식을 동냥하는 행위입니다. 인도에서는 불교가 나타나기 전부터 이 풍습이 있었다고 합니다. 중국이나 일본에서는 선종을 통해 널리 전해졌습니다. 이나모리 씨가 탁발행을 하다 겪은 특별한 사건을 자신의 저서에 소개했습니다.

때는 쌀쌀한 초겨울이었습니다. 이나모리 씨는 선배 수행승과 탁발을 했는데, 돌아갈 무렵에는 짚신 밖으로 튀어나온 발가락이 아스팔트에 갈려 피가 맺힐 만큼 힘든 수행이었습니다. 완전히 지친 몸을 이끌고 무거운 발걸음으로 절에 가던 이나모리 씨 일행은 이윽고 어느 공원 근처에 다다랐습니다. 그런데 이때, 작업복을 입고 공원을 청소하던 나이 든 부인이 이나모리 씨 일행을 보더니 한 손에 빗자루를 든 채 종종걸음으로 달려왔습니다. 그러고는 이나모리 씨의 동냥자루에 동전 오백 엔(우리 돈으로 오천 원)을 넣고 조용히 합장했습니다. 그녀는 결코 살림이 넉넉해 보이지 않았지만 아무런 망설임 없이, 한 점의 우월감도 느껴지지 않는 모습으로 돈을 내주고는 다시 공원을 청소하러 돌아갔습니다. 물론 그 수행승이 유명한 경영자라는 것은 알 턱이 없었습니다.

이때 이나모리 씨는 인간이 지닌 본질적인 아름다움을 접한 기분이

들었다고 합니다. 아마도 그 여성에게 오백 엔은 소중한 돈이었을 것입니다. 어쩌면 다음 날 점심 밥값이었는지도 모릅니다. 그런데도 그 여성은 합장을 하고 오백 엔을 동냥자루에 넣었습니다. 고급 양복을 입은 신사들이 무심히 스쳐 지나가는 거리에서 그 오백 엔은 이나모리 씨에게 평생 잊을 수 없는 돈이 되었습니다.

사람은 자신을 꾸미면서 살아갑니다. 표면만 부각되는 사회에서 살고 있습니다. 수많은 허세를 부리다가 결국은 지쳐 버립니다. 그러니 완전히 지쳐서 자신을 잃어버리는 일이 없도록 자신의 마음을 있는 그대로 솔직하게 드러낼 수 있는 장소를 만들어야 합니다. 그 장소는 바로 마음을 터놓을 수 있는 친구이며 따뜻한 가족입니다.

이나모리 씨에게 오백 엔을 준 여성. 어쩌면 그 여성은 눈앞에 나타난 수행승에게서 자신이 솔직해질 수 있는 장소를 발견한 것인지도 모르겠습니다.

7장
인정받고 싶어 하는 습관

마음이
머무를 곳은
어디에나 있다

회사나 일이
인생의 전부가 아니다

내가 한 일에 대해 평가를 받고 싶다. 이만큼 일했다고 인정받고 싶다. 사람이라면 누구나 이런 마음이 있습니다. 사람은 타인에게 인정받거나 칭찬받으면 기쁨을 느끼는 생물입니다. 아무리 사소한 것이라도 칭찬을 받았는데 불쾌함을 느끼는 사람은 없습니다. 요컨대 인정받고 싶다는 마음은 모두가 품은 욕구이지요.

하지만 이때 중요한 점은 결과에만 주목해서는 안 된다는 것입니다. '인정받기 위해 결과에만 매달린다. 어떤 수단을 동원해서라도 결과만 좋으면 된다.' 이런 사고방식은 자신을 고통스럽게 만들 뿐입니다. 항상 좋은 결과를 낼 수는 없기 때문입니다. 물론 좋은 결과를 내면 그만큼 인정받고 싶은 것이 인지상정입니다. 하지만 잠시 생각해 보십시오. 그렇다면 좋은 결과를 내지 못했을 때는 인정받지 못하는 것이 당연할까요? 아무리 열심히 노력해도 좋은 결과를 내지 못할 때가 있습니다. 그럴 경우 결과를 내지 못했으니 전혀 평가받지 못해도 어쩔 수 없는 것일까요? 아마도 오랫동안 일하다 보면 결과가 좋을 때보다 그렇지 못한 때가 훨씬 많습니다. 가령 10의 일을 했다면 결과가 좋지도 나쁘지도 않은 것이 6 정도입니다. 결과가 나쁜 것이 3, 높은 평가를 받을 만큼 결과가 좋은 것은 1 정도에 불과하지 않을까 싶습니다. 이렇게 생각하면 좋은 평가를 받는 경우는 매우 적습니다. 결과에만 사로잡힌다는 것은 곧 나쁜 결과만 신경 쓰는 것입니다.

선에서는 결과라는 것을 일체 생각하지 않습니다. 지금 자신이 하는 일에 대해 어떤 결과를 낼지 생각하지 않습니다. 마음을 비우고 그저 묵묵히 눈앞의 일에 집중합니다. 좋은 결과를 내려는 생각도 없고, 반대로 결과가 나쁘면 어쩌나 하는 두려움도 없습니다. 그런 마음가짐으로 일에 몰두하면 평가는 나중에 타인이 하게 돼 있습니다. 흔히 *"결과는 뒤따라오는 것"*이라고 하는데, 바로 그 말대로입니다. 요컨대 결과란 자신이 처음부터 추구해야 할 것이 아니라 나중에 타인이 주는 것이라는 말입니다.

휘파람새가 아름다운 목소리로 지저귑니다. 그 소리를 들으면 우리는 참으로 마음이 편안해집니다. 하지만 휘파람새는 사실 인간을 즐겁게 하려고 지저귀는 것이 아닙니다. 지저귄다는 일을 열심히 할 뿐이지요. 하지만 그 결과 우리 인간에게 즐거움을 줍니다. 선종에서는 설법을 할 때 이 이야기를 자주 인용합니다. 결과에 얽매여서는 안 된다는 것을 잘 가르쳐 주기 때문입니다.

그런데 안타깝게도 요즘 세상은 결과를 가장 우선시합니다. 기업 등에서는 어쨌든 성과를 내라고 요구합니다. 일에 임하는 자세나 노력 등은 평가하지 않고, 최종적인 결과만 봅니다. 성과를 낸 사람은 출세하고 그렇지 못한 사람은 버려집니다. 물론 기업은 이익을 내는 것이 중요합니다. 하지만 이 같은 현실에 지나치게 집착하면 기업을 운영하는 사람이나 그 기업에 몸담은 사람 모두 마음이 병들고 맙니다. 실제로 최근 정신병을 앓는 사람이 늘어난다는 사실이 이를 뒷받침해 줍니다.

그런 사회에서 우리는 어떻게 살아가야 할까요? 평가의 기준을 여러 개 갖는 것이 중요합니다. 회사에는 회사의 평가가 있습니다. 하지만 그것이 인생의 전부는 아닙니다. 집에 돌아가면 가족의 따뜻한 평가가 있습니다. 일 이외의 인간관계에는 또 다른 평가가 있습니다. 좀 더 이해하기 쉽게 말해, 회사 이외에도 자신이 머무를 곳을 만들어 두는 것이 중요합니다.

회사에서는 좀처럼 일이 잘 풀리지 않아서 별로 인정받지 못합니다.

하지만 낚시 동료들은 모두가 칭찬해 줍니다. 집에 돌아가면 아이들이 "우리 아빠가 최고야!"라고 말해 줍니다. 그런 장소를 갖고 있으면 우리는 마음의 균형을 잡을 수 있습니다.

"그런 것은 도피에 불과하잖아?"라고 말하는 사람도 있습니다. 맞습니다. 도망치는 것입니다. 하지만 사람에게는 도피처가 필요합니다. 마음이 지쳤을 때 도피할 수 있는 장소. 지친 날개를 쉴 수 있는 장소. 그런 마음의 안식처가 있으면 내일 또다시 최선을 다할 수 있습니다. 도피할 장소를 갖는 것은 전혀 창피한 일이 아닙니다. 사람에게 꼭 필요한 일입니다.

회사의 평가에만 얽매여 인정받아야 한다고 고민하는 사람들은 틀림없이 도피처가 없을 겁니다. 도피처 따위는 필요 없다고 생각할 것입니다. 어쩌면 강인한 사람들인지도 모릅니다. 항상 강해야 한다고 생각합니다. 약한 소리를 하는 것은 꼴사납다고 생각합니다. 하지만 사람은 그렇게 강한 생물이 아닙니다. 약하고, 한심하고, 부끄러운 측면이 많습니다. 자신에 대한 모든 평가를 정면으로 받아들일 수 있는 사람은 없습니다. 때로는 슬쩍 피하면서, 때로는 무시하면서 살아갑니다. 이것이 성과주의 사회를 헤쳐 나가는 비결입니다.

성공이든 실패든 눈물이 있어야 한다

'성공'과 '실패'라는 말이 있습니다. 성공하면 인정받고, 그것이 나에게 플러스가 된다. 실패하면 인정받지 못하고 마이너스가 된다. 우리는 이렇게 성공과 실패를 이분법의 개념으로 생각하는 경향이 있습니다. 하지만 사실 성공과 실패에는 플러스도 마이너스도 없습니다. 중요한 것은 그것을 어떻게 받아들이는가 하는 것입니다.

만약 일이 술술 풀려서 성공을 거뒀다면 먼저 주위 사람들에게 감사하십시오. 어떤 일이든 혼자 힘으로 성공할 수는 없습니다. 표면적으로는 여러분이 부각되었더라도 그 뒤에는 반드시 여러분을 도와 준 사람이 있습니다. 뒷받침해 준 사람이 있습니다. 혹은 행운이나 연줄의 덕을 본 경우도 있습니다. 그런 모든 것에 감사해야 합니다. 그럴 때 비로소 성공이 여러분에게 플러스가 됩니다.

반대로 실패했다고 해서 무작정 낙심할 필요는 없습니다. 낙심하기보다 실패의 원인이 무엇인지 찾아내십시오. 그리고 두 번 다시 똑같은 실패를 되풀이하지 않도록 하십시오. 실패에서 무언가를 배우면 그 실패는 마이너스에서 플러스로 바뀝니다. 실패할 때마다 낙심할 필요는 없습니다. 한 번도 실패하지 않는 사람은 이 세상에 없습니다. 인생은 성공할 때보다 실패할 때가 더 많은 법입니다. 만약 스스로 '실패를

적게 한다.'고 말하는 사람이 있다면 그 사람은 그저 실패하지 않는 길을 골라서 걸었을 뿐입니다. 실패하지 않는 길에는 성공의 씨앗도 떨어져 있지 않습니다. 그것은 곧 자신을 성장시킬 수 없다는 뜻입니다.

다만 저는 성공이든 실패든 눈물이 있어야 한다고 생각합니다. 눈물이 있다는 것이 무슨 의미일까요? 어떤 결과가 나오든 자연스럽게 눈물이 흘러넘칠 만큼 노력한다는 뜻입니다. 성공했다면 기쁨의 눈물이 흘러넘칩니다. 실패했다면 안타까움의 눈물이 나옵니다. 온 힘을 다해 노력한 결과로 흘러넘치는 눈물이야말로 인생을 풍요롭게 만들어 줍니다.

온 힘을 다해 노력하지 않아도 시류를 잘 타서 성공할 때가 있습니다. 때마침 찾아온 행운이나 주위 사람들의 도움을 받아서 성공할 때도 있습니다. 하지만 그런 성공에는 눈물이 나오지 않습니다. 실패도 마찬가지여서, 별로 노력하지 않았기 때문에 실패했다면 당연하다는 생각도 듭니다. 온 힘을 다해 노력한 결과로 얻은 성공이나 실패만이 인생에 플러스가 됩니다. 눈물이 나오지 않는 성공이나 실패는 인생의 양식이 되지 않습니다.

결과를 추구하지 말고, 타인에게 받는 평가에만 신경 쓰지 말고 그저 온 힘을 다해 노력하십시오. 그 열정적인 모습을 보면 사람들은 도움의 손길을 내밀고 싶어집니다. 어떻게든 힘이 되어 주고 싶어집니다. 스스로 노력하지 않으면서 도움의 손길만 청하는 사람, 실패의 원인을 다른 것에 전가하는 사람은 인정받을 수 없습니다.

앞서 성과주의 사회라고 적었습니다. 과정 등을 평가하지 않는 사회라고 적었습니다. 하지만 저는 마음속 어딘가에서 이렇게 믿고 있습니다. 결과에 눈물을 흘릴 만큼 온 힘을 다해 노력하면 그 노력은 반드시 평가를 받는다. 틀림없이 누군가가 지켜봐 준다고 말입니다. 결과는 분명히 중요하지만 결코 그것이 전부는 아닙니다. 사람은 결과만이 전부인 세상에서 살 수 없습니다. 한 가지 평가가 인생의 전부는 아닙니다. 우리에게는 '마음'이 깃들어 있기 때문입니다.

인정받고 싶은 마음은 누구에게나 있다

최근 페이스북 등 소셜 네트워크 서비스를 이용해 자신의 일상을 보여 주는 사람이 늘고 있습니다. "오늘은 점심으로 이런 걸 먹었어.", "지금 저는 스키를 타러 왔습니다." 등 자신의 행동 하나하나 자세히 소개합니다. 그리고 그것을 본 친구들에게서 '좋아요.' 같은 대답이 돌아옵니다. 이 '좋아요.'의 수가 많으면 그것은 만족감으로 이어집니다. 저로서는 잘 이해가 되지 않지만 아마도 자신의 존재를 인정받고 싶다, 자신이라는 사람에게 흥미를 가져 달라는 마음이라고 생각합니다.

만약 이런 풍조가 강하다면 그것은 존재감의 결여 때문이 아닐까 싶습니다. 사회에서 나라는 존재가 희미해져 간다, 아무도 나를 봐 주지 않는다, 좀 더 주목받고 싶다, 나를 알아줬으면 좋겠다, 인정받고 싶다는 간절한 마음이 엿보입니다.

사회에서 인정받고 싶은 마음은 누구에게나 있습니다. 자신이 이곳에 있다는 사실을 알아줬으면 하는 마음입니다. 그런 바람이 강한 사람들 중에는 독선적인 사람이 많다는 느낌을 받습니다. 그들 대부분에게는 '나를 인정해 줬으면 좋겠어.'라는 마음이 앞설 뿐 상대를 인정하려는 생각은 적습니다. 요컨대 일방통행 같은 사고방식입니다. 그런 사고방식에서는 서로의 존재를 인정하는 관계가 성립할 수 없습니다. 상대는 자신을 인정하는데 자신은 그 사람에게 전혀 관심이 없다면, 반대로 자신은 상대를 인정하는데 상대는 자신을 무시한다면 소통이 될 리 있겠습니까?

'내가 여기에 있다는 걸 알아줬으면 좋겠어.' 이렇게 생각하는 분들에게 묻습니다. "그렇다면 당신은 주위 사람들이 그곳에 있다는 것을 알고 있습니까?", "당신의 주위 사람이 어떤 생각을 하는지 알려고 노력하고 있습니까?", "주위 사람들에게 따뜻한 말 한마디를 건네고 있습니까?" 자신이 이해받기를 바란다면 먼저 상대를 이해하려고 노력해야 합니다. 자신의 존재를 알아주기를 바란다면 먼저 상대의 존재를 알려고 노력해야 합니다.

그리고 한 말씀 더 드리자면, 서로 이해하고 존재를 인정하는 관계가 많을 필요는 없습니다. 가령 오늘 정말 맛있는 점심을 먹어서 그 기뿜을 누군가에게 알리고 싶어졌습니다. 그렇다면 집으로 돌아가 가족에게 이야기하십시오. 혼자 산다면 마음이 통하는 친구에게 이야기하면 됩니다. 그곳에는 따뜻한 대답이 기다리고 있습니다. "정말 좋았겠다. 다음에는 같이 가자."라는 식으로 말입니다. 짧은 말이지만 그 속에서 따뜻한 존재감을 발견할 수 있습니다. 저는 그런 따뜻함 속에서 누군가와 연결돼 있다는 안도감이 싹튼다고 생각합니다.

휴대전화나 컴퓨터 화면 속의 '좋아요.'라는 말. 그 말 속에 따뜻함이 깃들어 있을까요? 많은 대답이 돌아오면 그 순간에는 분명 기분이 좋습니다. 하지만 따뜻함이 없는 말은 일순간에 공기 속으로 사라집니다. 그리고 고독감은 점점 커집니다. '좋아요.'의 수가 늘어날수록 그 뒷면에서는 고독의 싹이 자랍니다. 저의 눈에는 그렇게 비칩니다.

인간은 본래 고독한 존재입니다. 모두가 혼자 이 세상에 태어나 혼자 여행을 떠납니다. 사랑하는 가족이든, 서로 마음을 터놓는 친구든, 함께 손을 잡고 여행할 수는 없습니다. 그리고 고독하기에 사람은 누군가와 따뜻한 마음으로 이어지기를 원합니다. 본래 인간은 혼자임을 알기에 관계를 맺으려 하는 것입니다. 누군가에게 친절하게 대하고 싶어 하는 것도 고독함을 알기 때문입니다.

외로움이라는 감정은 이것과는 또 다릅니다. 고독과 외로움은 같지 않습니다. 고독이 인간이 본래 지닌 것이라면 외로움은 자신이 놓인 상황과 같은 것입니다. 예를 들어 누군가가 자신에게 친절하게 대해 주길 바라는데 친절하게 대하는 사람이 없는 상황. 자신의 기분을 알아주면 좋겠는데 그런 사람이 없는 상황. 대부분의 외로움은 이런 상황이 만들어 냅니다. 그리고 고독과 달리 외로운 상황은 자신의 행동으로 바꿀 수 있습니다.

만약 자신의 외로움을 떨쳐 내고 싶다면 상대의 외로움을 없애 주십시오. 자신의 이야기를 들어 주기를 바란다면 상대의 이야기에 귀를 기울이십시오. 자신을 친절하게 대해 주기를 바란다면 타인에게 친절하십시오. '좀 더 나를 알아줬으면 좋겠어.'라는 생각에 몰두하는 사람은 어쩌면 인간이 본래 고독한 존재임을 깨닫지 못했는지도 모릅니다. 고독과 마주하려 하지 않고 자신이 놓인 상황만 바라보며 탄식합니다. 세상에는 이렇게 많은 사람이 있는데 왜 아무도 자신을 바라봐 주지 않느냐고 말이지요. 하지만 사실 그것은 당연한 일입니다. 주위에 몇십 명이 있든 몇백 명이 있든 모든 사람은 고독하기 때문입니다. 먼저 그 사실을 직시하고 고독한 사람끼리 의지할 수 있는 상황을 스스로 만들어야 합니다.

아주 간단한 방법이 있습니다. 첫째는 웃는 얼굴로 인사하기. 그것도 커다란 목소리로 상대에게 말을 거는 것입니다. "좋은 아침입니다." 라고 웃으면서 인사만 해도 상황은 신기할 만큼 달라집니다. 이렇게만 해도 서로가 고독에서 빠져나와 연결될 수 있습니다. 그렇게 해서 누군가와 관계가 형성되면 서로 이야기를 들어 주십시오. '서로 이야기를 나누는' 것이 아니라 '서로 이야기를 들어 주는' 관계를 쌓으십시오. "나는 이렇게 생각해."라고 말하기 전에 "당신은 어떻게 생각하나요?"라고 물어 보십시오.

불교에는 '관세음보살'이라는 존재가 있습니다. 이 관세음보살에 대한 신앙은 옛날부터 왕성해서, 수많은 부처님 중에서도 인기가 높습니다. 무엇인가 막다른 길에 부딪혔거나 고민을 안고 있을 때 많은 사람이 관세음보살을 찾아갔습니다. 관세음보살은 사람들의 고통과 슬픔을 조용히 '지켜보고' 계십니다. 마음속을 들여다보고 계십니다. 그리고 우리의 소리 없는 비명을 들어 주십니다. 마음의 '소리'를 들어 주십니다. 그래서 '관세음보살觀世音菩薩'인 것입니다.

'인정받고 싶다. 나를 바라봐 줬으면 좋겠다.' 이렇게 바라기 전에 자신의 마음속에 관세음보살을 가지십시오. 상대의 이야기를 듣고, 상대의 마음의 소리에 귀를 기울이십시오. 조언은 필요 없습니다. 그저 상대의 마음에 귀를 기울이십시오. 그리고 상대의 존재를 받아들이십시오. 그런 마음가짐을 지니면 틀림없이 여러분의 존재도 명확해질 것입니다. 사회에서 투명 인간이 되지 않으려면 여러분 자신의 마음을 열어야 합니다.

누구도 나를 100퍼센트 이해할 수 없다

서로 이해하는 관계. 서로 인정하는 관계. 이런 관계는 극소수만 있어도 충분하다고 썼습니다. 자신을 이해해 주는 사람을 많이 만들 수는 없기 때문입니다. 아무리 상대를 이해하고 싶어도 도저히 이해하지 못할 때가 있습니다. 가령 육친을 잃은 슬픔은 같은 경험을 한 사람만 이해할 수 있습니다. 같은 경험이 없다면 상상은 가지만 진심으로 그 슬픔을 공유할 수 없습니다. 이것은 누구의 탓도 아니며 당연한 일입니다. 만약 지금 어떤 고민이나 슬픔을 안고 있다면 여러분과 비슷한 아픔을 지닌 사람을 찾아 인연을 맺으십시오. 물론 사람이 지닌 슬픔은 사람의 수만큼 다양하지만, 여기에는 공통되는 부분이 많이 있습니다. 똑같은 고통을 겪는 사람과 이야기를 나누면 그것만으로 마음이 치유되기도 합니다.

'동병상련同病相憐'이라는 말이 있습니다. 저는 이 말이 참으로 좋은 말이라고 생각합니다. 자신이 안고 있는 부정적인 부분을 드러내십시오. 물론 창피하겠지만, 인간은 그것을 혼자서 끌어안을 수 있을 만큼 강한 존재가 아닙니다. 때로는 약한 소리를 하고, 서로를 위로할 때 마음이 치유됩니다. 약한 소리를 할 수 있는 장소를 가지십시오. 단 한 곳이라도 좋으니 그런 장소를 갖는 것이 중요합니다.

'자신이 머무를 곳'이라고 하면 먼저 가족이나 지역 사회, 혹은 지금 일하는 회사가 떠오를 것입니다. 분명 그런 곳도 '머무를 곳'임에는 틀림이 없습니다. 하지만 그런 곳에만 집착하지 마십시오. '마음이 머무를 곳'은 어디에나 있습니다. 가령 가족에게 하지 못하는 이야기를 친구에게는 할 수 있습니다. 회사에서는 보이지 못하는 모습을 취미 모임에서는 보일 수 있습니다. 여러분의 존재는 회사에만, 가족 안에만 있지 않습니다. 좀 더 자유로운 마음으로 자신이 머물 곳을 찾아보십시오.

'나의 존재감이 희미해지고 있어.'라고 느끼는 사람은 어쩌면 한곳에만 머물고 있는지도 모릅니다. '회사에서 인정받지 못하니 나는 무능해.', '친구가 적어서 외로워.' 한곳에만 집착하는 바람에 자신을 궁지로 몰아넣고 있습니다. 애초에 존재는 희미해지지도 짙어지지도 않습니다. 그곳에 여러분이 있는 한 여러분은 틀림없이 존재합니다. 한 사람 한 사람이 틀림없이 '그곳에 있는' 것입니다.

그리고 또 한 가지. 사람이 서로를 100퍼센트 이해할 수는 없습니다. 오랫동안 함께 지낸 부부라 해도, 죽마고우라 해도 상대방의 모든 것을 이해하지는 못합니다. "나를 100퍼센트 알아줬으면 좋겠어."라고 말하는 사람이 있는데, 그렇다면 묻겠습니다. 당신은 자신을 100퍼센트 이해하고 있습니까? 자신에 대해 전부 안다고 생각하지만 사실 그렇지 못합니다. 자신은 이런 사람이라고 믿지만 타인은 자신을 전혀 다른 시각으로 바라보곤 합니다. 때때로 생각지도 못한 자신이 튀어나오기도 합니다. 요컨대 자신도 알지 못하는 자신을 타인이 전부 이해하는 것은 애초에 무리입니다. 절반이나 이해해 주면 정말 고마운 일이고 30퍼센트만 이해해도 충분하다고 생각하십시오.

존재감에 집착해서는 안 됩니다. 또 그럴 필요도 없습니다. 여러분은 분명 지금 그곳에 있으니 말입니다.

겉은 달라도
속은 나와 같은
사람이다

'파수공행把手共行'이라는 선어가 있습니다. 손을 맞잡고 함께 살아가는 것의 중요성을 이야기한 말입니다. 원래 이 말에서 손을 맞잡고 함께 가는 상대는 자기 내부에 있는 또 다른 자신입니다. 하지만 무엇이든 터놓고 이야기할 수 있는 친구를 사귀는 것도 중요한 일입니다. 힘들 때나 슬플 때 그것을 함께 나누면서 인생에 당당하게 맞섭니다. 혼자 끌어안지 않고 함께 나누면서 살아가는 것이지요. 인간은 분명 고독하지만, 그렇기에 더더욱 이런 따뜻한 관계가 필요합니다.

하지만 이런 관계를 쌓으려면 역시 시간이 필요합니다. 첫 대면에 바로 의기투합해도 금방 그런 관계가 될 수는 없습니다. 잠시 동안은 표면적인 관계가 계속됩니다. 이것은 어쩔 수 없는 일입니다. 진심으로 신뢰할 수 있는 관계가 되려면 역시 그 나름의 시간이 필요하지요. 서로 같은 경험을 하고 같은 괴로움을 공유하는 시간을 통해 확실한 관계성이 싹트는 법입니다.

그런데 오늘날은 무슨 일이든 결과를 빨리 낼 것을 요구받습니다. 인간관계조차 금방 결과를 내려고 합니다. 이 사람과 맞느냐 맞지 않느냐, 이 사람과 마음이 통하느냐 통하지 않느냐를 즉시 판단합니다. 기껏 인연이 닿아서 만난 사람을 일순간에 판단해 걸러 내려 합니다. 겉모습만 볼 뿐 상대의 마음까지 이해하려 하지 않습니다.

내가 그 사람을 좋아하는가 싫어하는가, 그 사람과 사귀면 내게 이득인가 손해인가. 그 사람은 내게 무엇을 해 줄 수 있는가 아니면 아무런 도움도 되지 않는가……. 이런 이분법적 사고방식으로 상대를 판단합니다. 하지만 이런 시선으로는 결코 따뜻한 인간관계를 쌓을 수 없습니다.

왜 이렇게 되었을까요? 그것은 아마도 우리가 경쟁 사회에서 살기 때문이 아닐까 싶습니다. 설령 자신은 타인과 비교할 생각이 없어도 주위에서 멋대로 비교하려 합니다. 자신은 경쟁할 생각이 없어도 어쩔 수 없이 경쟁에 참여하게 됩니다. 모든 것에 우열을 정하고 순위를 매기는 사회입니다. 혼자 힘으로 이런 사회에서 빠져나올 수는 없습니다. 다만 그런 경쟁 사회에서도 사물을 바라보는 시각이나 사고방식을 바꿀 수는 있습니다.

절차탁마切磋琢磨라는 말은 표면적으로 보면 서로 경쟁하는 분위기가 느껴집니다. 하지만 저는 이것이 단순한 경쟁과는 전혀 다른 의미를 지닌다고 생각합니다. 가령 승려가 되기 위한 수행은 참으로 혹독합니다. 상당한 각오와 강한 정신력이 없으면 견딜 수 없습니다. 저의 수행승 시절을 되돌아봐도 용케 그 힘든 수행을 견뎠구나 싶습니다. 어떻게 그런 고된 수행을 견딜 수 있었을까요? 그것은 함께 수행하는 동료가 있었기 때문입니다. 더는 견딜 수 없어 포기해 버릴 것만 같을 때 서로가 서로를 격려합니다. "사실 나도 힘들어. 도망치고 싶기는 매한가지야. 하지만 우리 하루만 더 버텨 보자." 의지가 꺾이려던 순간, 동료의 이 한마디가 다시 앞으로 나아갈 힘을 줬습니다. 서로가 서로를 정신적으로 의지함으로써 고된 수행을 견딜 수 있었던 것입니다.

단순히 약한 마음을 공유했기 때문에 유대감이 싹튼 것은 아닙니다. 그곳에는 절차탁마라는 것이 있었습니다. '다른 수행승에게 지지 않도록 나도 열심히 노력하자.' 이것은 경쟁이 아니라 서로를 갈고닦기 위한 기술이었습니다.

일례로 이런 일이 있었습니다. 승가에서는 같은 날 수행을 시작한 동료를 '동일안거同日安居'라 부르며, 입문 당시 항상 행동을 함께 합니다. 동일안거인 승려와 한 조를 이뤄 식사 규범을 비롯해 온갖 규범을 익힙니다. 가령 식사 규범을 익힐 때는 모두 일사불란하게 움직여야 합니다. 똑같은 리듬과 속도로 식사하는 것이 기본입니다. 그런데 좀처럼 이 식사 규범을 익히지 못하는 사람도 있습니다. 열심히 노력하지만 잘 익히지 못합니다. 사람마다 잘하는 것과 잘 못하는 것이 있는 법이지요.

하루는 식사 규범을 잘 익히지 못하는 수행승에게 선배 승려가 "좀 더 노력하도록."이라고 주의를 줬습니다. 그것은 주의였지 꾸짖음이 아니었습니다. 선배 승려가 꾸짖은 대상은 나머지 동일안거 수행승들이었습니다. 그들은 식사 규범을 완벽하게 익힌 터였습니다. 그런데 선배 승려는 그들을 불러내서 심하게 꾸짖은 것입니다. 선배 승려는 그들에게 이렇게 말했습니다.

"너희들은 분명히 규범을 잘 익혔어. 그 노력은 칭찬해 주지. 하지만 동료가 규범을 익히지 못하는데 왜 그냥 내버려 둔 거지? 너희들은 자기만 잘하면 된다고 생각하는 건가?"

누가 우수하고 누가 우수하지 못한가. 누가 일등이고 누가 꼴찌인가. 만사를 그런 기준으로 생각해서는 안 됩니다. 모두 우수해지려면 어떻게 해야 하는가. 모두 함께 일등이 되려면 어떻게 해야 하는가. 그것을 생각하는 것이 바로 절차탁마입니다. 선배 승려는 이 사실을 가르쳐 준 것입니다.

잘못은 질책해도 사람은 미워하지 않는다

　현실은 경쟁 사회입니다. 사람들은 '승자'와 '패자'라는 말을 아무렇지도 않게 씁니다. '이기기만 하면 된다. 나만 일등이 되면 다른 사람들은 어떻게 되든 상관없다.' 만약 이런 가치관이 있다면 결코 행복하게 살 수 없습니다. 자신의 승리를 위해 동료의 발목을 잡아끕니다. 이기기 위해 수단을 가리지 않습니다. 낙오한 사람에게는 눈길도 주지 않습니다. 이런 살벌한 마음으로는 '파수공행'의 관계를 쌓을 수 없습니다. 조금 더 말하면, 경쟁 사회는 서로를 인정하지 않는 사회이기도 합니다. 표면적 결과는 인정해도 인간으로서는 인정하지 않습니다. 그런 차가운 경쟁을 해서는 안 됩니다. 따뜻한 절차탁마를 해야 합니다.

　여러분 주위의 사람들은 단순한 경쟁 상대가 아닙니다. 여러분의 적이 아닙니다. 여러분보다 위도 아니고 아래도 아닙니다. 함께 살아가는 사람임을 잊어서는 안 됩니다. 그런 눈으로 주위 사람들을 바라보십시오. 그리고 초조해하지 말고 그 동료들과 마음을 나누기 바랍니다. 여러분의 따뜻한 시선은 반드시 여러분에게 돌아옵니다. 여러분이 누군가를 인정하면 반드시 그 사람도 여러분을 인정해 줍니다. 인간은 원래 그런 생물입니다.

　그 사람을 인정한다는 것은 무엇을 인정한다는 뜻일까요? 그 사람이 해낸 일은 물론 그에 대한 평가를 인정하는 것입니다. 그 사람의 가능성을 인정하는 것입니다. 하지만 가장 중요한 일은 그 사람의 존재 자체를 따뜻하게 지켜보는 것입니다.

파나소닉 창업자인 마쓰시타 고노스케 씨는 일본이 낳은 세계적인 경영자입니다. 전 세계에 수십만 명에 이르는 직원을 거느린 마쓰시타 씨는 온화한 인상의 소유자입니다. 하지만 일에 대해서는 상당히 엄격했다고 합니다. 특히 직속 부하들은 마쓰시타 씨에게 질책을 받으면 벌벌 떨 정도였다고 합니다. 그의 직속 부하라고 하면 회사에서 임원이나 국장급 사람들입니다. 그런 마쓰시타 씨가 부하에게 사람을 꾸짖는 법에 대해 이런 이야기를 했습니다.

"똑같은 실수를 반복하거나 최선을 다하지 않는 사람에게는 아무리 심한 질책을 해도 상관없어. 진심으로 꾸짖도록 하게. 하지만 말이야. 아무리 심하게 꾸짖더라도 그 속에는 정이 담겨 있어야 해."

참으로 멋진 그리고 마쓰시타 고노스케다운 따뜻한 말입니다. '상대의 잘못된 부분을 엄하게 추궁한다. 실수를 철저히 추궁한다. 그것은 일하는 사람으로서 당연한 일이다. 하지만 그저 추궁만 해서는 안 된다. 그 엄격함 속에는 상대에 대한 따뜻한 마음이 담겨 있어야 한다. 인격에 상처를 주는 말과 행동은 절대 하면 안 된다.' 이것이 마쓰시타 씨의 신념이었을 것입니다.

  아마도 마쓰시타 씨는 모든 사원과 똑같은 눈높이에서 그들과 함께 절차탁마하려고 했을 것입니다. 지위 따위는 상관없이 똑같은 인간으로서 마음을 나누려 했습니다. '모든 사원을 인정한다. 낙오자는 단 한 명도 만들지 않는다.' 그런 마음이 있었기에 파나소닉을 세계적인 기업으로 발전시켰다고 생각합니다.

  함께 손을 맞잡고 살아가십시오. 서로 도우며 살아가십시오. 그런 마음을 갖기 어려운 사회이기에 더더욱 그 마음을 잊지 말아야 합니다. 서로를 인정하지 않는 사회에는 행복의 씨앗이 떨어지지 않습니다.

후기

2020년 도쿄올림픽 개최가 결정되었습니다. 반세기도 더 전인 1964년에 개최된 도쿄올림픽은 그야말로 일본의 경제 발전을 세계에 알리는 자리였습니다. 그곳에는 물자가 넘쳐 나는 풍요로운 일본을 자랑스럽게 과시하는 일본인이 있었습니다.

그로부터 반세기라는 시간이 지난 2020년 도쿄올림픽에서 우리는 세계 사람들에게 어떤 메시지를 전해야 할까요? 이제 일본이 경제 대국임을 모르는 사람은 없습니다. 세계 경제를 견인하는 나라들 중 하나라는 사실도 충분히 인지하고 있습니다. 그런 가운데 우리는 다음 세대에게 이전과는 다른 메시지를 보내야 합니다.

저는 그 메시지 중 하나로 불교에서 말하는 '중도中道' 정신을 전해야 한다고 생각합니다. 중도란 말 그대로 한가운데를 뜻합니다. 서구 사회가 중요시하는 이분법과는 완전히 다른 개념입니다. 선이냐 악이냐, 성공이냐 실패냐, 발전이야 쇠퇴냐 그리고 승리냐 패배냐. 이런 사고방식이 전 세계에 만연한 가운데 단정하지 않는 것의 중요성, 양쪽 모두를 받아들이는 관용, 무의미한 싸움을 피하고 서로를 받아들이는 마음. 오래전부터 일본인에게는 이런 정신이 깃들어 있었습니다.

달리 말하면 이것은 '모호함'입니다. 일본인은 이 '모호함'의 미의식을 바탕으로 서로에게 상처를 주지 않는 길을 택해 왔습니다. 그런 일본인이 지닌 아름다운 '모호함'의 정신을 세계 사람들에게 알리고 싶습니다. 서양에서 보면 흑백을 명확히 구분 짓지 않는 일본인의 모습이 기묘하게 비칠지도 모릅니다. 자신의 의견이 없다고 말할지도 모릅니다. 하지만 그렇지 않습니다. 일본인의 모호함은 '우리는 양쪽 모두를 받아들인다.'라는 확고한 신념이 아닐까요?

도쿄올림픽을 유치할 때 '오모테나시(환대)'라는 말이 부각되었습니다. 저는 이 '오모테나시'라는 것도 '모호함'의 진수라고 생각합니다. 가령 음식점에서 손님에게 음료수를 대접한다고 가정해 봅시다. 시월 첫날에는 그전까지 대접하던 시원한 차 대신 따뜻한 차를 준비합니다. 구월 마지막 날과 시월 첫날을 경계로 서비스를 명확히 나눕니다. 이것은 시스템을 우선하는 서비스입니다. 그리고 모든 점포가 이 시스템으로 통일됩니다. 그런데 '오모테나시'와 '서비스'는 다릅니다. 시월

이 되어도 아직 기온이 높은 날이 있습니다. 십일월이 되어도 땀이 배어날 만큼 더운 날이 있습니다. 십일월이지만 시원한 차를 마시고 싶은 손님도 있을 것입니다. 반대로 한여름에도 따뜻한 음료수를 마시고 싶어 하는 사람도 있습니다. 각 손님의 건강 상태 등을 생각하면서 그때그때의 '오모테나시'를 하는 것. 바로 여기에 일본인이 지닌 '배려'의 마음이 있습니다. 모호하다는 것은 곧 상대와 상황을 생각하는 것입니다. 정해진 규칙에 얽매이지 않고 마음의 눈으로 상대를 바라보는 것입니다.

이런 일본인의 마음, 그 아름다움을 세계 사람들에게 알리는 올림픽이 되었으면 하는 것이 저의 바람입니다. 후지산을 소개하는 것도 좋습니다. 일식을 대접하는 것도 좋습니다. 하지만 그런 표면적인 것뿐만 아니라 일본의 마음을 알렸으면 합니다. 일본인에게는 예스와 노 사이에 '또 하나의 대답'이 있음을 말입니다. 그리고 그 '또 하나의 대답'이야말로 세계를 평화로 이끌지 모릅니다.

이 책에도 나오는 '포기'의 중요성, 얻는 것만 생각해서는 안 되며 버리는 것과 포기하는 것도 중요하다는 것을 세계에 발신하는 2020년 도쿄올림픽이 되기를 기원합니다.

마스노 슌묘 합장

9할

걱정하는 일의 90%는
일어나지 않는다

초판 1쇄 발행 2014년 11월 28일
초판 2쇄 발행 2015년 6월 10일

지은이 마스노 슌묘
옮긴이 김정환

펴낸이 오세룡
기획·편집 이연희 정선경 박성화 손미숙 최상애
취재·기획 최은영 권미리
디자인 고혜정 김효선 장혜정
홍보 마케팅 이주하

펴낸곳 담앤북스
주소 서울특별시 종로구 사직로8길 34 (내수동) 경희궁의 아침 3단지 926호
문의전화 02)765-1251 | **팩스** 02)764-1251
전자우편 damnbooks@hanmail.net
등록 제300-2011-115호
ISBN 978-89-98946-39-5 (13190)

이 책은 저작권 법에 따라 보호받는 저작물이므로 무단전재와 복제를 금합니다.
이 책 내용의 전부 또는 일부를 이용하려면 반드시 저작권자와 담앤북스의 서면 동의를 받아야 합니다.

이 도서의 국립중앙도서관 출판예정도서목록(CIP)은 서지정보유통지원시스템 홈페이지(http://seoji.nl.go.kr)와 국가자료공동목록시스템(http://www.nl.go.kr/kolisnet)에서 이용하실 수 있습니다. (CIP제어번호 : CIP2014032371)

정가 13,000원